白崎裕子の
必要最小限レシピ

——料理は身軽に

白崎裕子

塩だけで、
味は無限に広がります

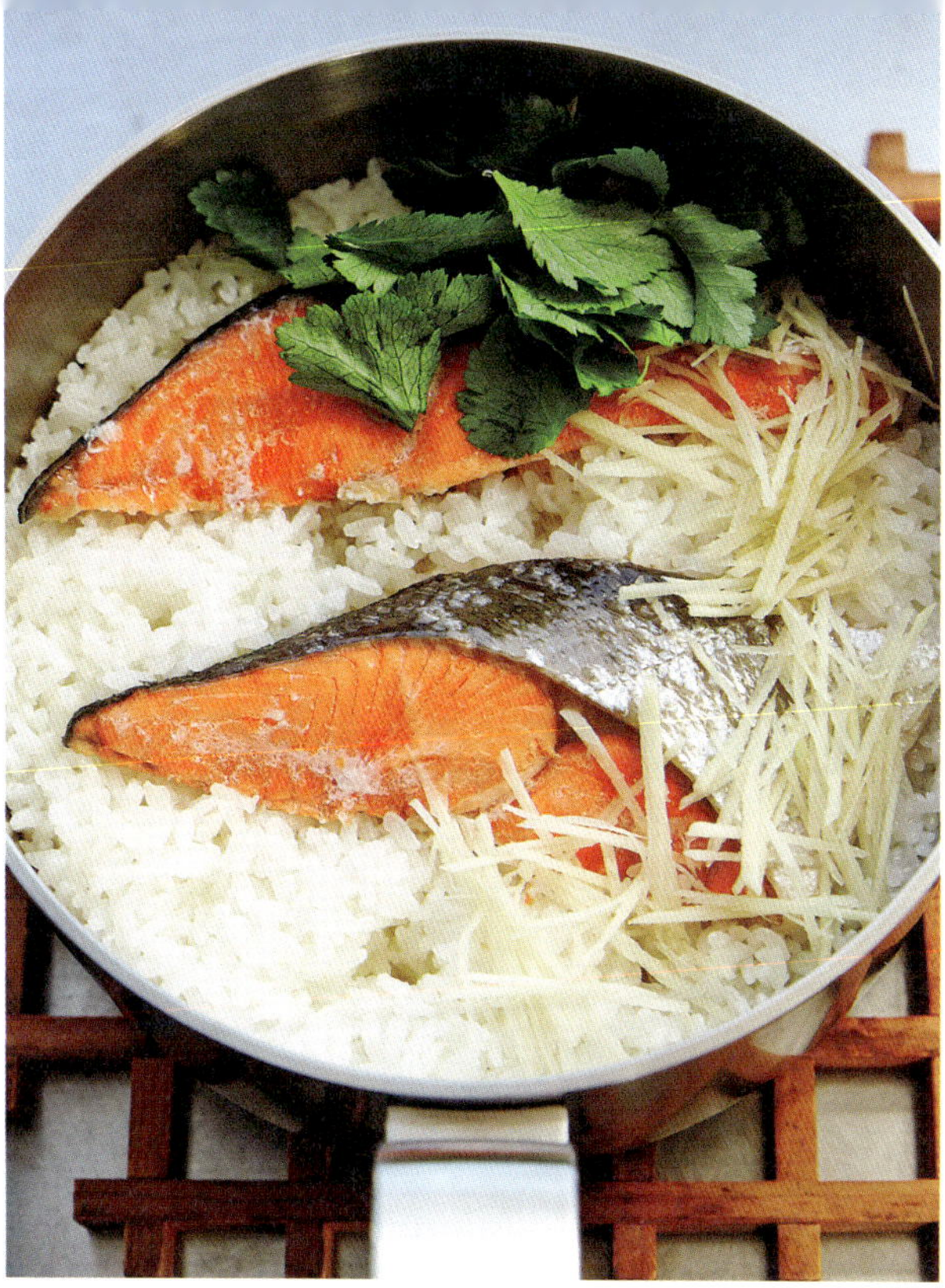

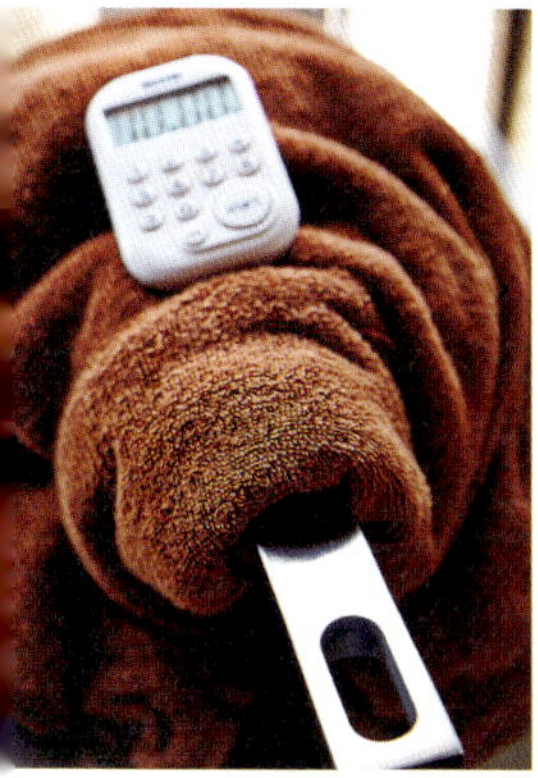

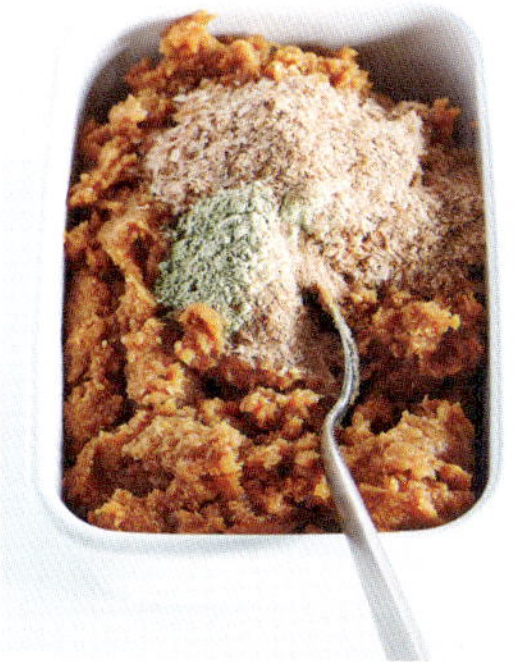

ごはんと味噌汁は、
好きなときに好きなだけ

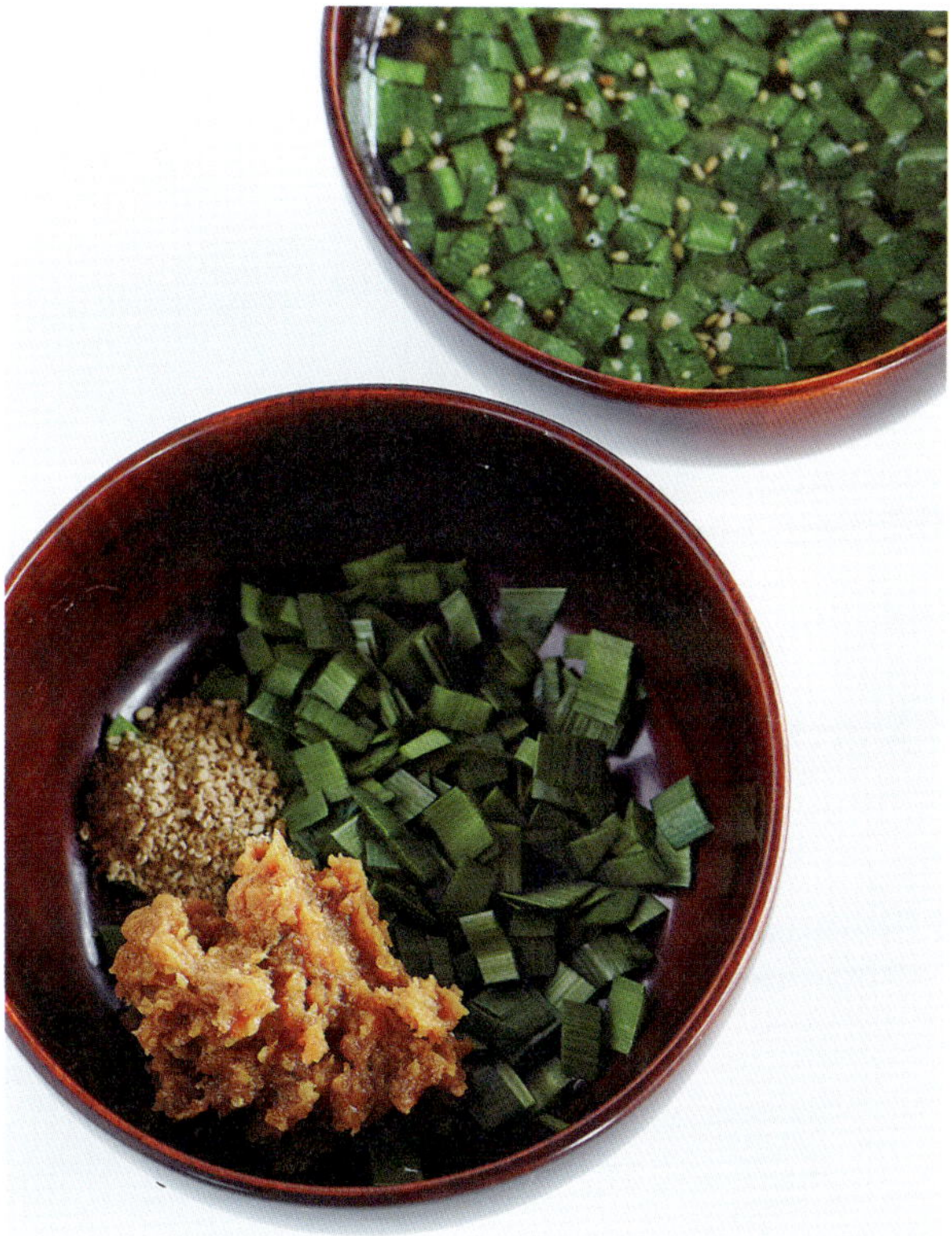

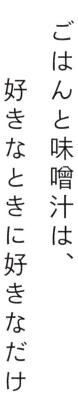

鉄フライパンひとつで、いろんな「焼き」が楽しめる

ずぼらな人こそ、せいろに頼ろう

はじめに

レシピも、調味料や道具も、山のようにある時代ですが、
まずは、そのすべてを必要最小限にして、
もっと身軽になってみませんか？

身軽になると、料理はもっと楽しくなります。
楽しくなるから毎日続き、毎日続くと、
今まで眠っていた感覚が研ぎ澄まされていきます。
そうなったらしめたもの。
どんな判断も自分ひとりでできるようになれば、
料理をすることが今よりずっと自由になります。

この本は、私が料理教室をはじめるずっと前から、
長らく実践していた調理法をまとめたものです。

例えていうなら、レシピ以前の、「もとのもと」。
自分の感覚で料理が作れるようになるための、手がかりの書です。

誰にでもできて、すぐに結果が出る、
ゲームのような訓練法を、いくつもまとめてあります。
「味付けは塩だけで」「調理道具は鉄のフライパンだけで」と
最初に制限を作り、まずはその中で訓練することによって、
徐々に身につくようになっています。
いつからでもはじめられますし、ときどき怠けても大丈夫。

息をするように、「自分の料理」が作れるようになったら、
ゲームは終了です。もう本書すら必要ありません。

料理初心者の人もそうでない人も、ぜひ、試してみてください。

第2章 「塩」をマスターしたら味を広げましょう

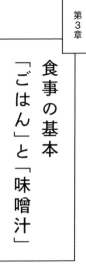

この本の決まりごと

・大さじ1は15mℓ、小さじ1は5mℓ、1合は180mℓです。すべてすりきりで計量しています。
・ひとつかみは指5本でつかんだ量、ひとつまみは指3本でつまんだ量です。
・塩はすべて、塩化ナトリウムでなく、海塩を使っています。
・保存期間はおおよその目安で、材料や保存環境によって変わりますので、ご自身で確認しながら保存してください。

第1章

「塩」だけでおいしくなります

最初のレッスンは、まず「塩」から。

なぜ塩なのでしょう？　それは塩が、すべての味付けの基本だから。

「料理の味が、なかなか決まらないな」という悩み、

実はそれ、「塩加減が決まっていない」のが理由なのです。

逆に言うと、自分にとっての「おいしい塩加減」が決められるようになると

料理の腕はぐ――んと、格段に上がるのです。

そこで私がおすすめしているのは、「塩だけ」料理。

すべての料理を、まずは塩だけで調理してみましょう。

「え？　塩だけ？」と思いますよね。でも塩を使いこなせるようになると

日々のごはんが、ガラリと変わっていくのです。

調味料断ちをして、まずは「塩だけ」にしてみましょう

冷蔵庫や棚を開けてみると、いろんな種類の調味料がズラリ。なのに、いざ料理をしてみようと思うと、どんな味付けをしていいのか分からない、自分の味を決めきれない。そしてついネットのレシピや、市販の合わせ調味料に頼ってしまう、使いきれず賞味期限切れの調味料もチラホラ……そんな悩みを持つ人が多いようです。

そんな方々への提案です、山のようにある調味料たちとはいったんお別れして、まずは「塩だけ」で料理をしてみませんか？

「塩だけ料理」は「味付け」の、ものすごくいい訓練になります。調味料が塩だけだと、**味が決まらない理由は「塩が少ない」「塩が多い」のどちらかひとつだけ。**これが塩と酢のふたつになると、「塩が多くて、酢が少ない」「塩が少なくて、酢が多い」「塩も酢も多い」「塩も酢も少ない」「塩は適切なのに、酢が……」といった風に、考えられる原因はどんどん増えていきます。つまり、**味が決まらない原因が判断しにくい**のです。そもそも「調味」とは、「自分がおいしいと感じる塩加減に調える」こと。まずはいちばん肝心な、塩加減の基準を自分の中にきっちりつくりましょう。そうすれば次にそれを補う他の味を足していく作業も、うんとスムーズになります。

「塩だけ」にすると、素材の味が分かる！

「塩だけ料理なんて、すぐに飽きそう」と思うかもしれませんが、それは大間違い。というのも、「五味」と呼ばれる「甘味」「酸味」「苦味」「うま味」「塩味」のうち、前の4つは野菜や穀類、肉・魚介類など素材自体にもともとあるのです。**ないのは「塩味」だけ**。だから素材の味わいをしっかり引き出して、あとは適切な塩を効かせれば、本来人間の舌は、ちゃんと「おいしい！」と感じるようにできているのです。

けれども塩なら何でもよいかというと、そうではありません。海水100％の自然塩で、塩田で天日濃縮し、平釜でじっくり結晶化させる伝統的な**「天日・平釜製法」のもの**を選びましょう。精製された塩化ナトリウムにはない、たっぷりのミネラルが含まれています。

私たちすべての生物のご先祖さまは、海にゆらゆら揺れている単細胞生物でした。そして陸に上がっていったあとも、体液を海とほぼ同じミネラルバランスに保つことで、生命を維持してきたと言われています。現代の日本は少しかたよった「減塩」のすすめが広まっていますが、生命の基本である適度な塩こそが必要。「塩だけ料理」は、本来体が必要としている塩の量を思い出すのにも、とてもいい訓練なのです。

用意してほしいふたつの塩

味付けの塩

ミネラルをたっぷり含んだ、塩味、うま味、甘味のバランスがよいものがおすすめ。メーカーによって、味や粒子の細かさが変わります。試してみて、自分の好みの塩を見つけましょう。

下ごしらえの塩

ざくざくたっぷり心置きなく使えるように、リーズナブルな塩を選びましょう。野菜の塩もみやアク取り、下ゆで、肉・魚介類のくさみ取りといった下ごしらえ全般に幅広く使います。

そのとき体が欲しい味が分かる即席「海塩スープ」

味付けの基本は「自分にちょうどいい塩加減」に、味を調えること。その「ちょうどいい加減」の感覚をつかむのには、どうすればいいでしょうか？

私がおすすめしているのは、お湯に塩を加えて作る「海塩スープ」を毎日飲み続けてみること。朝起きたらお湯を沸かし、カップにぱぱっと材料を入れて、お湯を注ぐだけ。もしかしたら最初は、ただしょっぱいだけに感じるかもしれませんが、徐々に塩そのものの味わいや、塩と一緒に加えた素材の「うま味」が分かってくると思います。言わば、**味覚を取り戻す訓練**です。そしてさらに続けていけば、汗をたくさんかいた夏の日は「もう少し塩が強いといいな」とか、体がむくんでだるい日は「塩が強く感じるな」といった、体調によって感じる「おいしさ」の違いにも気付いていくと思います。そうなったらしめたもの。

この体が「おいしい」と感じる塩分濃度が、本当の「おいしい」だと私は思います。料理本に書かれている分量は、あくまでたたき台。**最後の塩加減は、必ず自分で味をみて決めるようになれば、きっとそれがいちばんの「おいしい」への近道になるはずです。**

海塩スープ

湯150mℓに、塩ふたつまみ、ちぎった焼きのり1/2枚分、ごま油、こしょう各適量を加え、軽く混ぜる。

応用①
しょうゆを入れてみよう

複雑なうま味を持つ発酵調味料・しょうゆ。シンプルな海塩スープに慣れた舌に数滴たらしてみると、そのおいしさにびっくりするはず。

応用②
お湯を昆布水に変えてみよう

さらに味に深みをもたせるため、お湯を昆布水（P.26参照）に。味わいにぐっと奥行きが出て、立派なスープとなります。

塩を使うときは、「タイミング」と「量」を意識して

さて自分に必要な塩の量が分かるようになったら、いよいよ料理の実践です。

ここで知っておいてほしいのは、塩は「素材に塩味をつける」だけでなく、「浸透圧」（濃度の異なった2種類の液体を隣合わせにおくと、お互いに同じ濃度になろうとする力のこと）によって、「**食材から水分を引き出す**」という重要な役割があります。それを上手に活用すると、「**うま味を引き出す**」「**素材から余計な水分を抜く**」「**素材のくさみを取る**」といったことができるのです。

逆に食材から水分を出したくないときは、塩を加えるタイミングや入れ方を考

スープ、カレー、煮物に

煮くずす

あとから塩を入れる

塩を入れないで煮ると、加熱するにつれて**野菜の細胞壁がこわされ**、煮くずれやすくなります。くたくたにして、最終的にピュレ状にして活用するカレーやポタージュのような料理は、「後から塩」を頭に入れておきましょう。

塩カレー……P.32

煮くずさない

先に塩を入れる

ゆで汁に先に塩を入れておくと、**野菜から水分が抜けぎゅっと身がしまり**、火を入れても煮くずれにくくなります。「おでん」や「ポトフ」といった根菜類が入った煮物やスープは、「先に塩」で、仕上がりも美しくなります。

コトコト塩スープ……P.20
すっきり塩スープ……P.26
さつまいもの塩水煮……P.52
かきの塩水煮……P.54

えなくてはいけません。

この浸透圧の働きを意識しておくと、スープやカレー、煮物、サラダ、あえ物などを作るとき、塩を入れるべき量やタイミングが分かります。まずはそれぞれの法則を、頭にしっかり入れておきましょう。

サラダ、あえ物に

水分を出さない

油と一緒に混ぜる

シャキッとさせるもうひとつの方法は、塩を油や酢と先に**乳化させてからふりかけるように**すること。いわゆるドレッシングがこの方法で、よく混ぜることで油が塩分を抱き込み、直接野菜にふれなくなるのです。

白菜の芯のほうサラダ‥P.43

あとから塩をふる

シャキッとした食感を楽しみたい野菜サラダやあえ物は、野菜に塩分を直接ふれさせないことが大切。まず先にオイルを加え、**しっかり表面をコーティングさせてから塩を加えると、はりのある食感**が保てます。

白菜の葉先サラダ……P.42

水分を出す

少量をふり、ほんのり水分を出す

コールスローなど野菜からほどよく水分を出して、その出た水分ごと使いたい場合は、塩をほんのり（1％ほど）ふります。じわっと汗のように出るくらいが目安で、**その水分も料理のうま味として活用**します。

キャベツのコールスロー…P.41

しっかりふり、多めに水分を出す

大根なますなど、野菜から余分な水分をしっかり抜きたい場合は、塩を多め（2％ほど）にふります。「塩が多いと塩辛くなりそう」と思いがちですが、**水分と一緒に塩分もほどよく抜ける**ので、大丈夫です。

大根サラダ………………P.40

塩だけで野菜のうま味を引き出す「コトコト塩スープ」

「スープは固形スープの素がなくちゃ作れない」。あるいは「肉やベーコンなど、動物性のたんぱく質を加えないと、うま味が出ない」。そんな風に思い込んでいる人も多いようですが、塩の力で野菜からきちんとうま味を引き出せば、それらを入れなくても、しっかりとコクのあるおいしいスープは作れます。

まずは油に、にんにくからしっかりうま味を抽出する。その油で野菜を炒め、塩をたっぷりまぶす。この「先に塩を加える」のがとても重要で、**浸透圧で野菜からうま味を引き出すとともに、身がしまるので煮くずれも防いでくれます。**

この「コトコト塩スープ」は、すべてのスープの基本。うま味担当の玉ねぎやきのこをレギュラーに、その日の野菜を加えて作りましょう。このスープの作り方を覚えれば、アレンジでいろんな味わいが楽しめます。

煮くずさない

コトコト塩スープ

材料（4人分）

玉ねぎ…1個
にんじん…1本
じゃがいも…1個
にんにく…2かけ
（好みの野菜合わせて500gくらい）
好みのきのこ…100g
好みの植物油…大さじ2
水…1ℓ
塩…小さじ2
こしょう…適量

塩で野菜のうま味を引き出し

コンソメいらずの味わいに

❶野菜を切る

野菜はすべて
サイコロ状に切る。

野菜は大きさを
均一に切ることで、
火の入り方が一律に。

❷にんにくに切り込みを入れる

にんにくは
お尻の部分に
十字に切り込みを入れる。

→「にんにくの切り方＆加熱」の使い分け（P.59）の「十字切り込み」を参照。

❸にんにくからうま味を抽出

鍋に油とにんにくを入れ、
鍋をななめにかたむけ、
弱火で熱する。

にんにくの表面から
元気な泡が出なくなるまで
じっくり加熱。
泡が出なくなったら、
にんにくの水分が出て、
うま味が出きった証拠。
油は、ごま油なら
コクが出て中華風、
菜種サラダ油ならサラリ、
オリーブオイルなら、より洋風に。

❹ 塩をしっかりなじませる

野菜を加え、中火にして玉ねぎが
透き通るまでよく炒める。
火を止め、塩を加えて
野菜になじませる。

❺ 野菜から汁が出るのを確認

塩の効果で
野菜からじんわり
汁が出てくる。

野菜からうま味を含んだ
水けがどっと出て
身がひきしまり、
煮くずれが防げる。

❻ 冷たい水を加え、ゆっくり加熱

冷たい水を加え、
ごく弱火にかける。沸騰したら
アクを取り、野菜がやわらかく
なるまで煮込み、味をみて、
塩、こしょうで味を調える。

沸騰するまでの時間が長ければ
長いほど、野菜からのうま味がしっ
かり出る（P.39参照）ので、水はで
きるだけ冷たいものを準備して。
水を昆布水（P.26参照）にすると、
さらに深い味わいに。

では、**応用してみましょう！**

トマト缶を加えて

コトコト塩スープの応用①

お米のミネストローネ

基本の「コトコト塩スープ」の水の量を減らし、代わりにトマト缶を加えました。
玄米を加えてとろみをつけ、ボリューム感もアップします。

材料（4人分）

- 玉ねぎ…1個
- にんじん…1本
- じゃがいも…1個
- にんにく…2かけ

（好みの野菜合わせて500gくらい）

- 好みのきのこ…100g
- オリーブオイル…大さじ2
- トマト水煮…1缶（400g）
- 玄米（なければ白米）…ひとつかみ
- 水（または昆布水）…600mℓ
- 塩…小さじ2
- こしょう…適量

作り方

①「コトコト塩スープ」の行程❺（P.22～23参照）まで同様に作る。

②トマト水煮を手でつぶして加える。玄米は水でよく洗い、冷たい水とともに加え、ごく弱火にかける。沸騰したら野菜がやわらかくなるまで煮込み、味をみて、塩、こしょうで調える。

※仕上げにオリーブオイル少々をまわしかけ、あればバジルの葉を添えるとおいしい。

豆乳を加えて

コトコト塩スープの応用②

豆乳のクリームシチュー

甘酒で甘味とうま味、米粉でとろみを足した植物性シチュー。やさしい味わいを生かすため、オイルは菜種サラダ油、太白ごま油などクセがないものを使いましょう。

材料（4人分）

玉ねぎ…1個
にんじん…1本
じゃがいも…1個
にんにく…2かけ
（好みの野菜合わせて500gくらい）
好みのきのこ…100g
好みの植物油（クセのないもの）…大さじ2
水（または昆布水）…600mℓ
塩甘酒（P.71参照）…大さじ4
A 豆乳…300mℓ
　米粉（または片栗粉）…40g
塩、こしょう…各適量

作り方

①野菜はすべてひと口大に切る（基本の「コトコト塩スープ」より大きめに）。
②「コトコト塩スープ」の行程❷〜❺（P.22〜23参照）と同様に作る（塩の代わりに塩甘酒を使う）。
③冷たい水を加え、ごく弱火にかける。沸騰したら野菜がやわらかくなるまで煮込み、火を止める。
④ボウルにAを入れてよく混ぜ合わせ、❸に加えて混ぜ、弱火にかける。沸騰したら味をみて、塩、こしょうで調える。

だしのうま味をしっかり感じられる「すっきり塩スープ」

昆布水に、玉ねぎとにんにくのうま味だけを加えたすっきりとした味わいのスープです。こちらも動物性の素材は一切使っていませんが、**きちんと作ると驚くほどコクがあり、満足度の高い味わいになります。**このスープをベースに、いろんな素材を加えて、バリエーションを楽しみましょう。オールシーズンおいしくいただけますが、素材のすっきりとしたうま味を生かした、軽やかなスープが食べたいときに特におすすめです。

昆布を水につけて
ひと晩おいただけの簡単だし

昆布水

味噌汁や煮物など、和食はもちろん、洋食・中華・エスニックなどどんな料理にも使える万能だしで、寝る前に仕込めば、翌朝から使えるお手軽さが魅力。昆布はアルカリ性食品で、肉や甘い物の食べすぎで、酸性に傾きがちな体を中和してくれるほか、ミネラルや食物繊維もたっぷり。

昆布10gに対し水500mℓを注ぎ、冷蔵庫に入れ、ひと晩以上おく。冷蔵庫で3～4日保存可。だしを取ったあとの昆布は、刻んで佃煮にしたり、ぬか床に入れたりするとよい。

すっきり塩スープ

材料（4人分）

玉ねぎ…1個
にんにく…1かけ
好みの植物油…大さじ1
昆布水…1ℓ
塩…小さじ2
こしょう…適宜

塩と昆布水、にんにくと玉ねぎだけで

驚きのおいしさ！

❶玉ねぎとにんにくを切る

玉ねぎは繊維に沿って薄切り、
にんにくはみじん切りにする。

→「にんにくの切り方＆加熱」の使い分け（P.59）の「みじん切り」を参照。

❷にんにくからうま味を抽出

鍋に油とにんにくを入れ、弱火で熱する。
にんにくから気泡が出て、
水分が抜けるまで炒める。

すっきり味なので、
「コトコト塩スープ」より油は少なめ。
にんにくから泡が出なくなるまで加熱する。
こうすることでにんにく特有の
ツンとした香りが飛び、うま味のみが残る。

❸ 玉ねぎを加え、塩をなじませる

中火にして玉ねぎを加え、
透き通ってしんなりするまで炒める。
火を止めて塩を加え、
にんにく、玉ねぎになじませる。

ステンレス製の鍋で炒めることで、
焦げ色がつかない透明の、
すっきりやさしい味わいの「色白玉ねぎ」に。
にんにくと玉ねぎ、ふたつのうま味の素がここで完成。
→「炒め玉ねぎ」の使い分け（P.58）の
「色白玉ねぎ」を参照。

❹ 昆布水を加え、加熱する

冷たい昆布水を加え、ごく弱火にかける。
沸騰したらアクを取り、味をみて
塩、こしょうで味を調える。

沸騰するまでの時間が長ければ長いほど、
玉ねぎ・にんにくからのうま味が
しっかり出る（P.39参照）ので、
昆布水は直前まで冷蔵庫で冷やしておくとよい。
でき上がったスープにお好みの具材を入れていただく。

これを応用して…

ローリエとレタスを入れて

すっきり塩スープの応用①

レタスのコンソメ風塩スープ

ローリエを加えると、
コンソメ風の洋スープの味わいに。
レタスの代わりに、絹さやや
薄切りにしたセロリなどもおすすめ。

材料と作り方

①基本の「すっきり塩スープ」と同じ材料を使い、同様に作る。
（油は菜種サラダ油、太白ごま油などクセがないものを使い、工程❹でローリエ 1/2 枚を加える）。

②器にレタス適量を手でちぎって入れ、熱々の❶を注ぐ。

ミニトマトを入れて

すっきり塩スープの応用②

トマトの中華風塩スープ

油をコクのあるごま油にして作ると、
中華風の味わいに変化。
ラー油やコチュジャン（P.75参照）を
少々たらしてもおいしい。

材料と作り方

①基本の「すっきり塩スープ」と同じ材料を使い、同様に作る（油はごま油を使う）。

②器に刻んだにら、くし形切りにしたミニトマト各適量を入れ、熱々の❶を注ぐ。

塩分濃度の目安

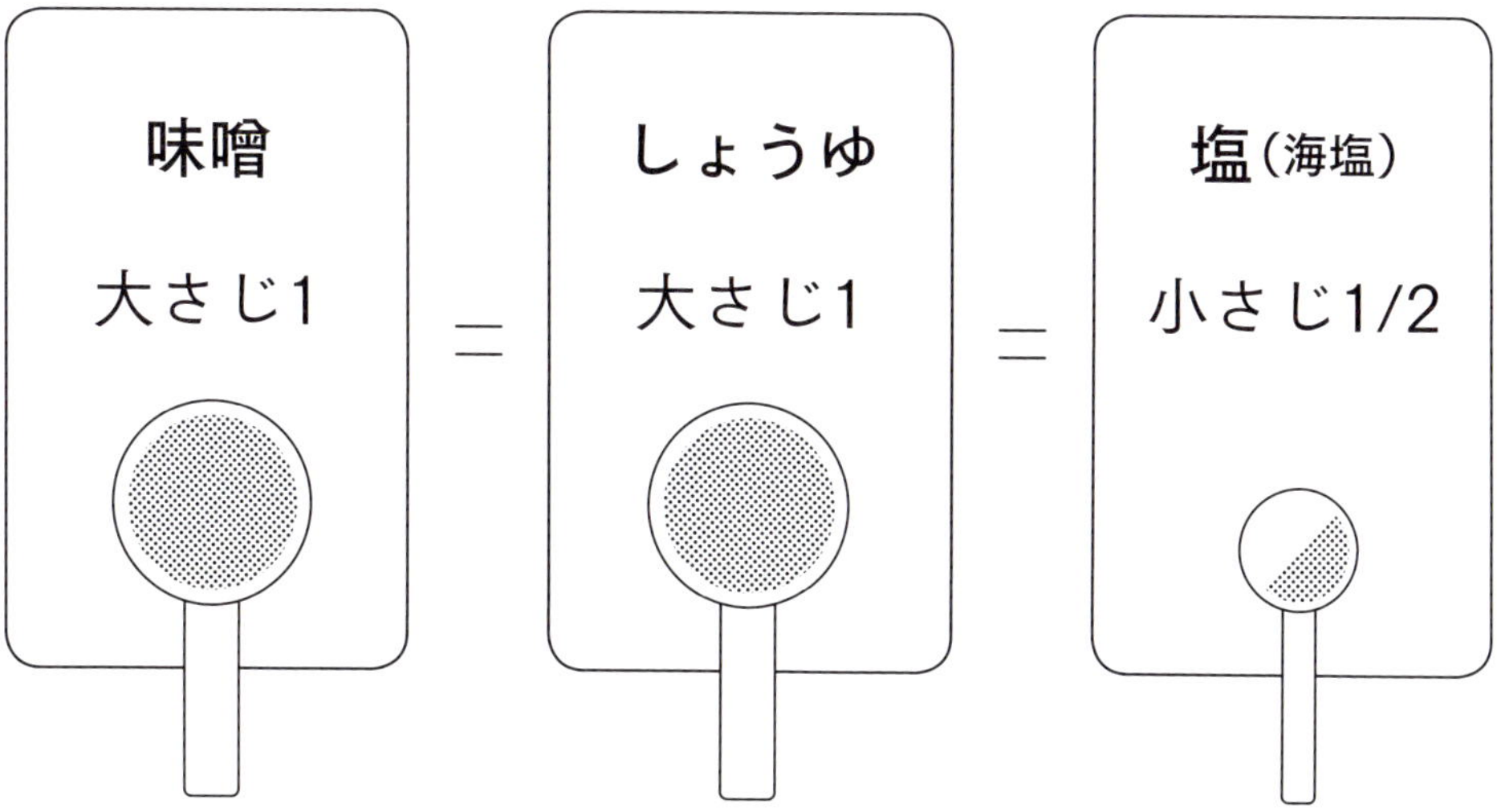

味付けの基本は塩。どのくらいの塩分濃度がおいしく感じるか、一度数字で頭に入れておくようにすると、いろいろ応用も効くようになっていきます。同じ海塩でも種類によって違いはあるものの、私はおおよそ、上記の数字を目安にしています。例えばスープのレシピに「塩小さじ½を入れる」と書いてあるものは、「しょうゆ大さじ1」または「味噌大さじ1」を入れれば、ざっくり同じくらいの塩分濃度になるというわけです。

この数字を覚えておけば、「塩を半分の小さじ¼にして、その分、味噌大さじ½加えよう」「炒めもので塩小さじ½を加えるものを、しょうゆ大さじ1に置き換えてみよう」という風に、素材の状態やその日の気分で、自分の好きな味に変えていくことができます。塩は素材そのものの味を引き出すときに使い、しょうゆや味噌は素材にやや味が足りないときなどに、深みを与えてくれる役割として加えます。

塩分と同じように、水分なら、「水の代わりに、昆布水を入れてみよう」「豆乳にしたら？」「トマト缶にしてみるとどう？」という風に、どんどん置き換えていけば、例えば「コトコト塩スープ」（P.20参照）「すっきり塩スープ」（P.26参照）という基本のスープふたつだけでも、可能性は無限大。その日の野菜を加えたり、お好みで油を替えてみたり。料理って、そんな応用こそ楽しいものだと思います。

野菜と塩だけで、酸味・うま味・とろみを出す「塩カレー」

野菜と塩で作るスープをマスターしたら、その応用としてカレーに挑戦してみましょう。**塩によって野菜からきちんとうま味を引き出せれば、肉や小麦粉を加えなくても、コクととろみのあるおいしいカレーが作れる**のです。用意するのは「うま味担当」の玉ねぎや長ねぎ、リーキ。「とろみ＋甘み担当」のかぼちゃ、さつまいも、じゃがいも（それらがない場合は、甘酒を加えるのでもよし）。「酸味＋水分担当」のトマト（ホールトマト缶でもＯＫ）。そしてお好みの「その日の野菜」。なす、ズッキーニ、キャベツ、大根、かぶ、白菜などなど、季節感を存分に生かしましょう。野菜は、合わせて900g、水は一滴も入れず、野菜の水分のみ。

　これらを切って炒め、じんわり弱火で蒸し煮して煮くずしたあと、塩とカレーパウダー（またはクミンシード大さじ1＋一味唐辛子小さじ⅓でも可）を加え、水けがなくなるまで煮込むだけ。**ポイントは塩の効かせ具合。**塩をあとから入れる場合、時間が経つと味がぼけるので、味をみて「ちょうどいい」よりちょっと強めにしておくのがコツです。しっかり効かせることで味がしまり、なおかつ素材の味わいが引き立つのです。「やっぱり塩はすごい」と実感できる一品です。

煮くずす

塩カレー

材料（4人分）

- 玉ねぎ…1個
- トマト…3個
- かぼちゃ（正味）…100g
- なす…2本

（好みの野菜合わせて900gくらい）

- にんにく…2かけ
- 好みの植物油…大さじ3～4
- カレーパウダー…大さじ1～適量
- 塩…小さじ2～適量

水も小麦粉も入れない、そぎ落としカレー。

シンプルなのに濃厚な味わい

❶野菜を切る

玉ねぎはごく薄切り、
にんにくはみじん切り、
ほかの野菜も
すべて細かく切る。
なすは水にさっとくぐらせ、
アクを取る。

❷玉ねぎ、にんにくを炒めてうま味を抽出

鍋に油を入れて中火にかけ、
玉ねぎ、にんにくを入れて炒める。

玉ねぎが透明になってから、
少し強火にしてしばらくおき、
ほんのり茶色くなるまで加熱することで
コクと香ばしさをプラス。
玉ねぎを透明なままで止めたら、
すっきり味のカレーに。

❸ほかの野菜も加えて炒める

トマト、かぼちゃ、
水けをきったなすを加え、
炒める。

❹ 野菜が煮くずれるまで煮る

ふたをして弱火にし、
トマトやかぼちゃが煮くずれ、
全体がなじむまで
30分ほど煮込む。

先に塩を加えると、浸透圧の関係で
煮くずれにくくなってしまうので、
この時点ではまだ塩を加えない。
ふたをすると鍋中の温度も上がり、
対流も起こりやすくなるので、
煮くずしたい料理のときは、
必ずふたをする。

❺ カレーパウダー、塩を加える

野菜類が煮くずれたら、
カレーパウダー、
塩を加えて味を調える。

❻ 水分がなくなるまで、煮詰める

ふたは開けたまま、
水分がなくなるまで煮込む。

水分を飛ばしたいときは、
ふたを開けて加熱する。
煮詰め具合はお好みで。

では、**応用してみましょう！**

しょうがを加えて

塩カレーの応用①

カリフラワーのスパイシー塩カレー

基本の「塩カレー」にしょうがをしっかり効かせた、さらっとスパイシーなカレーです。うま味が出やすいカリフラワーをたっぷり加えます。

材料（4人分）

- 玉ねぎ…2個
- トマト…3個
- カリフラワー…1/2個
- くるみ（あれば）…軽くひとつかみ

（野菜合わせて900gくらい）

- しょうが（すりおろし）…大さじ2
- 好みの植物油…大さじ4
- カレーパウダー…大さじ1〜適量
- 一味唐辛子…小さじ1/4〜適量
- 塩…小さじ2

作り方

① 玉ねぎはごく薄切り、ほかの野菜、くるみもすべて細かく切る。

② 鍋に油を入れて中火にかけ、玉ねぎ、しょうがを入れて、あめ色になるまでよく炒める。ほかの野菜も加え、炒める。

③ ふたをして弱火にし、カリフラワーがやわらかくなるまで15 〜 20 分ほど煮込む。

④ カレーパウダー、一味唐辛子、塩を加えて味を調える。

甘酒を使って

塩カレーの応用②

大根とれんこんのぽってり塩カレー

かぼちゃの代わりに甘酒でとろみと甘味をつけると、田舎風のカレーに。食べるときに、しょうゆをひとたらししてもおいしい。

材料（4人分）

- 玉ねぎ…2個
- トマト…2個
- 大根…1/4本（250g）
- れんこん…1/2節
- 甘酒（濃縮タイプ）…大さじ4

（野菜・甘酒合わせて900gくらい）

- 好みのきのこ…1パック
- にんにく…2かけ
- 好みの植物油…大さじ4
- カレーパウダー…大さじ1～適量
- 塩…小さじ2～適量

作り方

① 玉ねぎはごく薄切り、にんにくはみじん切り、大根、きのこはひと口大、れんこん、トマトは細かく切る。

② 鍋に油を入れて中火にかけ、玉ねぎ、にんにくを入れて、あめ色になるまでよく炒める。ほかの野菜、きのこも加え、炒める。

③ 水100mℓ（分量外）、甘酒を加え、煮立ったらふたをして弱火にし、大根がやわらかくなるまで30分ほど煮込む。

④ カレーパウダー、塩を加えて味を調える。ごはんとともに器に盛り、好みでねぎの小口切りを添える。

覚えておきたい料理のワザ❶

酸素が入ると、アクが浮かぶ

ごぼうのスープは塩を加えても「何だか味がぼんやりして決まらないな」ということがあります。これはスープの中に、アクが沈んでいるから。そんなときは煮立った鍋の中に、高い位置からくみたての水を注ぎ入れてみてください。スープの中に空気が入り、対流が起こるので、強火で一気に煮立たせると、アクが驚くほど浮き出てきます。これをていねいに取りのぞけば、すっきりクリアな味わいに。**アクが多い素材ほどうま味も多い**ので、アクさえ取れれば、うま味が立ち、驚くほどおいしいスープができ上がります。干ししいたけやまいたけなど、アクの多いきのこ類やごぼうやれんこんなどが入ったスープでも試してみてください。

魚介のゆで汁もおいしいスープに！

「かきの塩水煮」（P.54参照）のかきのゆで汁も、同じ方法でアクを取るとおいしいスープになります。

新鮮な水でないと酸素が入っておらず、対流が起こらないので注意（くみおきした水や、パックされたミネラルウォーターでは起こりません）。水を足したぶん煮詰めれば、味に影響はありません。

覚えておきたい料理のワザ2

素材のうま味が出るのは、沸騰まで

野菜のうま味は、塩分の入った水が、沸騰するまでの間によく出ます。そのため、野菜だけで濃厚なスープを作りたいときは、事前に鍋をできるだけ冷たくし、弱火でゆっくり時間をかけて煮立たせるのがポイント。冬に大鍋で作るスープがおいしいのは、沸騰までの時間が長いのが理由です。野菜を炒めたあとの鍋は熱くなっているため、冷たい水を入れても生ぬるくなってしまいますし、鍋が冷えるのを待つのも面倒。そんなときの必殺技が「氷」。氷のぶんだけ水の量を減らせば、味に影響はなし。気温の高い夏は、ぜひ試してみてください。

決め手は塩の量！

多くふるか、少なくふるか

水分を抜きたい ＝ 塩は多め

多めにふって、「塩もみ」はもまない

大根やかぶなど水分が多め素材に塩をふりかけて、しんなりさせる「塩もみ」。実は**塩をふってすぐにもむと筋っぽくなって甘味が逃げ、塩味ばかり立ってしまう**のです。少し多めの塩をふって、全体にゆき渡らせ、自然に水分が出るのを待って、最後にちょっとだけしぼるのがコツ。塩が多いと塩辛くなりそうと思いますが、**水分と一緒に塩けも抜ける**ので安心を。

大根サラダ

大根をせん切りにして、大根の重さに対して2％の塩をふんわり全体にまぶし、しばらくおく。大根をざるに上げ、出てきた水けを自然にきる。最後にほんの少しだけ軽くしぼる。しぼった大根をほぐし、ごま油、白炒りごま各適量を加え、よく混ぜる。

水分を生かしたい ＝ 塩は少なめ

ほんのりふって、野菜が汗をかいたら終わり

コールスローは、ほんのり汗をかく程度に塩をふって全体にゆき渡らせ、**じわりと出た水分ごと、料理のうま味として活用**します。もむとやはり甘味やうま味が逃げてしまうので、ていねいに混ぜるだけであとはそのまま。歯ごたえもよく仕上がります。繊維のやわらかな春キャベツはやや太め、身がしまった冬キャベツは細めに切るのがおすすめです。

キャベツのコールスロー

キャベツをやや太めのせん切りにしてボウルに入れ、キャベツの重さに対して1％の塩をふんわり全体にまぶしてしばらくおく。水けが出てきたら、ボウルに残ったものは捨て、キャベツの表面についたものはそのまましぼらずにおく。好みの油、酢、せん切りにした青じそ各適量を加え、よく混ぜる。

あとからふるか、一緒に混ぜるか。順番も大事

水分を出さない：その①

まずは油でコーティング

葉に直接塩がふれると水分が抜け、しんなりしてしまうので、まず先に油を加えてよく混ぜ、野菜の表面をコーティングさせます。そののちに塩を加えるようにすると、シャキッとした食感が保てます。

白菜の葉先サラダ

白菜の葉先は、手で食べやすい大きさにちぎる。好みの油適量をふりかけ、葉全体をコーティングするようにしっかり混ぜる。レモン汁適量、塩少々をふり、さらによく混ぜる。

レタス、ベビーリーフ、ルッコラなど、水分が多く生で食べられる葉野菜は、すべてこのやり方で。

水分を出さない：その②

乳化させたドレッシングで、一緒に混ぜる

塩を油と酢と先によく混ぜ、乳化させてドレッシング状にしてから野菜にふりかけると、塩が直接野菜にかからないため、しんなりするのを防げます。なおかつとろみがあることで、野菜ともからみやすくなるという利点も。

白菜の芯のほうサラダ

白菜の芯のほうは、繊維に沿って縦に薄切りにし、水にしばらくさらしてパリッとさせる。しっかり水けをきった白菜をボウルに入れ、甘酒ドレッシング（P.71参照）をふりかける。ドレッシングが全体にゆき渡るように、しっかり混ぜる。

味付けだけじゃない。塩でくさみ・アク取り、苦味抜きも

◎「生魚に塩」で、身がしまり、くずれない

生魚は焼く直前に塩をふると思いがちですが、**買った直後にふるほうがいい**のです。魚の重みの1～2％程度の塩をふり、出てきた水分をキッチンペーパーで拭き取って、さらに新しいキッチンペーパーで包み、冷蔵保存。塩をふることでくさみも取れ、身がしまることで、おいしさもアップ。そのまま置くより、2日ほど日持ちもよくなります。

冷たいフライパンにのせ、弱火で両面をじっくり焼く。塩でしまっているので、返すときも身くずれしない。大根おろしとしょうゆをかけるだけでもおいしい。

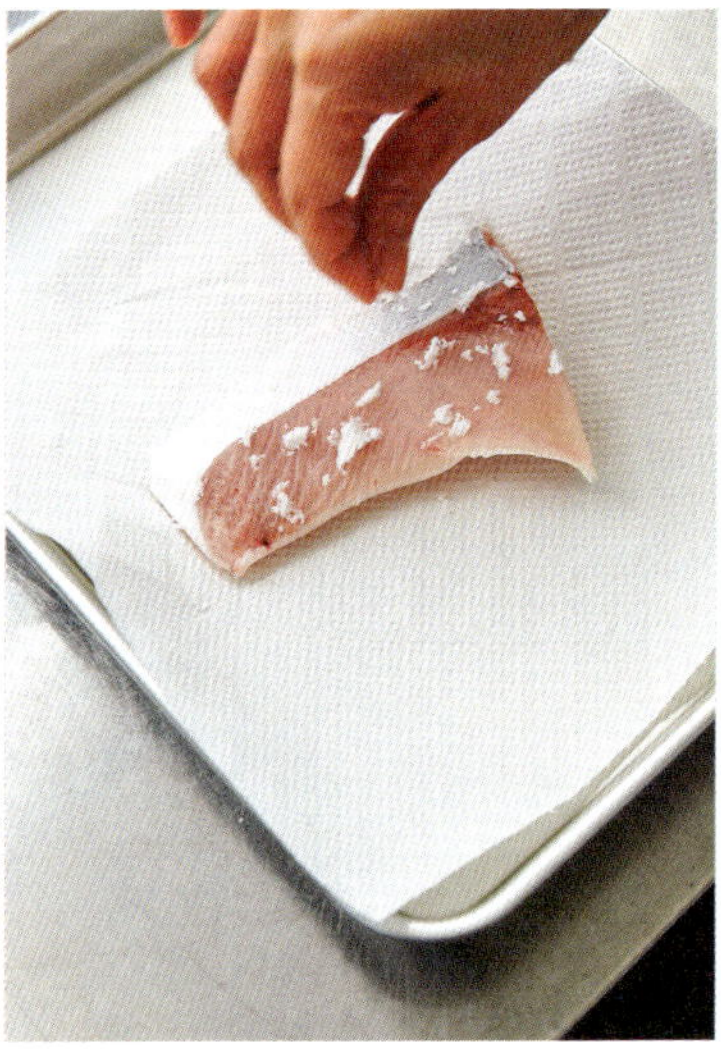

塩は脂が多い魚は2％、少ないものは1％ほど。実際の塩の量を見ると多いように思えるけれど、水分と一緒に塩けも抜けるので大丈夫。

◎「甘塩ざけに塩」で、うま味素材に変身！

スーパーの安売り甘塩ざけも塩をふると、**適度な塩分とうま味は残しつつ、余分な水分は抜け、くさみが抑えられ、うま味が凝縮される**という利点があります。甘塩ざけは水でさっと洗って水けをキッチンペーパーで拭き、両面に塩をふって、新しいキッチンペーパーで包み冷蔵保存を。

米3合に対し、塩をした甘塩ざけ2切れ、酒大さじ3を加えて炊くと、くさみのない炊き込みごはんに。炊き上がったら骨をのぞき、せん切りしょうがと三つ葉を加えて混ぜる。

塩はさけの重さの1％を目安に。こうすると、パスタや粕汁、スープ、野菜炒め、炊き込みごはんに使えるアンチョビのような味出し素材に。

◎ほうれん草のアク取りは、ゆでたあとに塩をふって

「ほうれん草のおひたしは、味が決まりにくい」と思う人が多いようですが、それはアクが抜けていないから。**ゆでて水にさらしただけではアクは取れず**、ゆで終わったあとに塩をふることで、えぐみのないクリアな味わいに。アクと一緒に余計な塩分も抜け、ついでに下味もつくので、薄味でもしっかり味が決まり、かつ色も鮮やかに。

軽くもんでほぐし、しばらくおく。出てきた水け（アク）を捨て、さらに軽くしぼって水けをきる。ごま油とあえてナムルに、水きり豆腐、すりごま、ごま油と混ぜて白あえに。

ほうれん草は熱湯に入れて色が鮮やかになるくらいにさっとゆで、水にさらす。水けを軽くしぼって食べやすい大きさに切る。ボウルにほうれん草を入れ、1～2％の塩をふる。

◎きゅうりのアク取りは、塩をふって「板ずり」で

きゅうりの青くささが苦手な人は、**板ずりをすると食べやすくなります**。青くささやえぐみを取るだけでなく、食感がよくなり、調味料となじみやすくなるという利点も。薄く切ってポテトサラダに入れたり、大きめに切って冷やしきゅうりにしたり。最近人気のきゅうりの炒め物もこれをしておくと、皮をむく必要もなく、火の通りも早くなります。

きゅうりの頭（茎に近いほう）は、ややくびれているあたりを切り、断面をクリクリとこすり合わせ、白いアクが浮いたら水でさっと流す。

きゅうり1本に対し、塩ふたつまみくらいを全体にすり込む。まな板の上でコロコロと何回か転がし、塩をなじませてしばらくおく。

「塩水」で料理をすると、素材の味わいが引き立つ！

「原始人は、食べ物に一体何で味付けをしていたんだろう？」と想像を巡らせると、やっぱり海水で煮たり、海水をふりかけたりして、その塩けでいろんな素材を食べていたんだと思います。「すべての料理は、海水と素材を合わせたものが起源だ」。そんな風に考えるのは何だかちょっと、ロマンティックではありませんか？

普通、料理を作るとき、「塩」と「水」は別々に考えることが多いように思いますが、「塩水」という存在をもっと意図的に使うようにすると、料理の意識も変わります。またその塩分濃度を使い分けられるようになると、さらに料理上手への一歩。

例えば素材の下ゆで、スープの塩加減、野菜の塩水漬けなどなど。今まで何げなく水やお湯に適当に入れていた塩を、まずは実験感覚で、小さじで計ってから加えてみましょう。

「濃度？　面倒くさそう～」と思いがちですが、「水500㎖に塩小さじ1で1％」と覚えれば、カンタン。「小さじ2で2％」「小さじ3で3％」。主にこの3つを使い分けられればOKです。なめてみて塩加減を覚えたら、最終的には小さじもいらなくなります。「塩水」は、素材をいろいろとおいしくしてくれるパワーがあるんですよ。

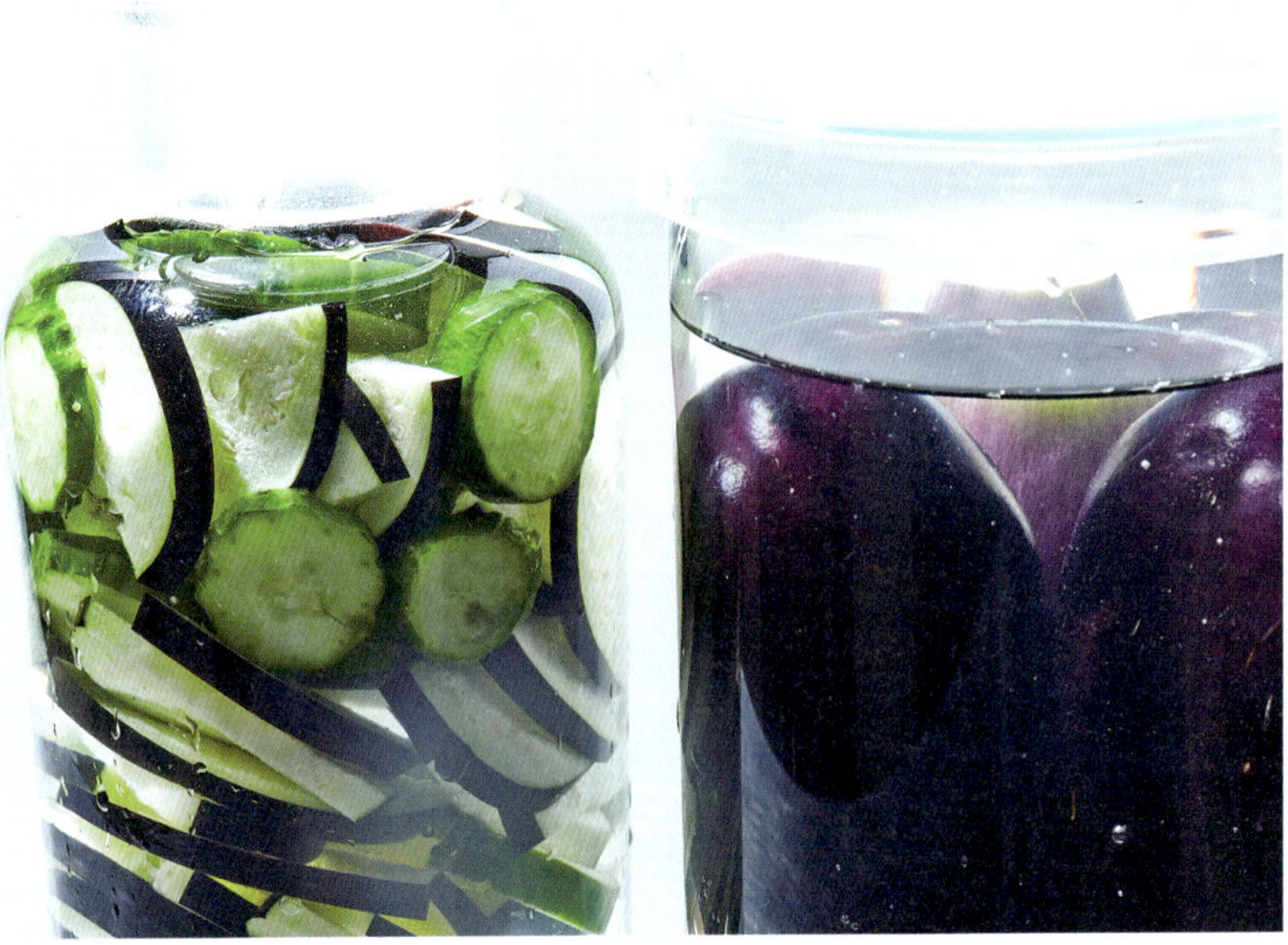

水500ml ＋ 塩小さじ3

水500ml ＋ 塩小さじ2

水500ml ＋ 塩小さじ1

塩分 3%

「かなり塩辛いな」と感じる濃度。海水の塩分濃度が3.5％と言われていますから、それに近いです。**保存性が高まり、脱水効果も高まるので、野菜からアクを抜きたいときにも便利**。この性質を利用し、いろんな野菜を漬けておくと、下ごしらえ兼保存ができます。

⇩

「野菜の塩水漬け」（P.49参照）や「なすの素揚げ」（P.98参照）に活用します。

塩分 2%

「ちょっと塩味が強いな」と感じる濃度です。浸透圧の関係で、**野菜や魚介類などの素材から、ほどよく水分が抜け、身がしまるちょうどいい濃度**。野菜が煮くずれず、魚介の食感もふっくらするので、P.52～で紹介する「塩水煮」でこの濃度の塩水を使います。

⇩

「さつまいもの塩水煮」（P.52参照）など根菜の煮物、「かきの塩水煮」（P.54参照）などの魚介の塩水煮に活用します。

塩分 1%

人間が口に入れたときに「おいしい」と感じる塩分濃度は、0.8～1％と言われ、おおよそこのくらいが、**スープなど汁ものの塩分濃度の目安**です（ただし具材の味や、塩のマグネシウムやカリウムの含有量によって、同じ濃度でも塩けの感じ方は変わります）。

⇩

スープ類の塩分量の目安。塩漬け魚（塩ざけ、ししゃもなど）の塩を抜いたり（P.57参照）、パスタをゆでたりするときにも活用します。

野菜を「塩水」に漬けておくと、いいことずくめ！

3%

野菜を買ってきて、「すぐに食べきれそうにないな」というときは、塩水に漬けておくことをおすすめします。よい点はいろいろあり、まず**甘味が強まって、**野菜特有の青ぐささがなくなります。**食感がよくなり、**そのままでもコリコリとおいしく食べられてしまうのもうれしい。塩水に漬けていたからといって、ほとんど塩けを感じることはありません。そのまま取っておくよりも**傷みが少なく、**保存期間も長くなります。何より野菜の**下ごしらえなし**で、すぐに料理が作れます。

きゅうり、なす、ミニトマト、ズッキーニ、オクラ、キャベツ、にんじん、大根、カラーピーマン、長いもなど、生で食べられる季節の野菜であれば、何でも大丈夫。数種類取り合わせて漬けておいてもいいですね。

薄切りにしてから漬けておくとほどよく水分が抜け、ぎゅっとしぼって昆布を少し加えれば、浅漬け風になります。

野菜だけでなく、魚の切り身や鶏肉なども、3%の塩水に2~3時間漬けておくと、加熱したときにやわらかく、焼きちぢみもなく、アクも少なく、ふんわり仕上ります。

野菜の塩水漬け

生で食べられる野菜を、野菜と同量の塩分濃度3%の塩水に漬ける。例えば野菜500gだったら、水500mℓに塩小さじ3（大さじ1）を加えた塩水に漬ける。保存容器に入れ、冷蔵庫で保存する。翌日以降活用できる。

塩水漬けにすると、湯むきをしなくても皮がスルリとむける。

トマトはヘタを取り、竹串で貫通させると塩分が浸透しやすい。

水に浮いてきてしまうなすは、平皿などを重しにするとよい。

ミニトマト＋玉ねぎの塩水漬け

ミニトマトのマリネ

塩水漬けにしたミニトマトは、湯むきしなくてもつるりと皮がむけます。甘酒、オリーブオイルは味見しながら加えてください。

材料（作りやすい分量）

ミニトマトの塩水漬け
…1パック分
玉ねぎの塩水漬け…少々
甘酒（濃縮タイプ）…適量
オリーブオイル…適量

作り方

① ミニトマトの塩水漬けは皮を手でむく。玉ねぎの塩水漬けはみじん切りにする。

② ボウルに❶を入れ、甘酒、オリーブオイルを加え、からめる。

大根＋にんじんの塩水漬け

大根とにんじんのコリコリソテー

野菜の水分があらかじめほどよく抜けているので短時間で火が通り、パリッとした食感に仕上がります。

材料（作りやすい分量）

大根の塩水漬け
＋にんじんの塩水漬け
…合わせて200g
ごま油…大さじ1～適量
にんにく…1かけ
赤唐辛子（好みで）…1本

作り方

① 大根とにんじんの塩水漬けは細切りにする。にんにくは十字切り込みを入れ（P.59参照）、赤唐辛子は半分に切る。

② フライパンにごま油、にんにく、赤唐辛子を入れて弱火にかけ、しゅわしゅわっとしてきたら大根、にんじんを加えて中火にし、透明感が出るまで炒める。

きゅうり＋玉ねぎ＋ラディッシュの塩水漬け

さつまいものサラダ

塩水漬け野菜はお好みのものを。いもにしっかり塩味がついているので調味料はオイルとレモン汁だけでも、充分おいしい。

材料（作りやすい分量）

さつまいもの塩水煮（P.52 参照）…250g
好みの塩水漬け野菜…150g
オリーブオイル…大さじ1と1/2～適量
レモン汁…小さじ2～適量

作り方

① さつまいもの塩水煮は熱いうちにへらでつぶし、オリーブオイル、レモン汁を加え、味を調える。
② 塩水漬け野菜を薄切りにし、冷ました❶に混ぜる。

※オリーブオイルをごま油に、レモン汁を酢にしてもおいしい。
※じゃがいも、かぼちゃ、里いもの塩水煮で作ってもよい。

なす＋きゅうりの塩水漬け

なすときゅうりの辛子漬け

食べたいぶんだけ作れる、すぐにできる即席辛子漬け。漬け物にするときは、野菜を薄切りにしてから塩水に漬けること。重しなしでも、なすのアクがきれいに抜けます。

材料（作りやすい分量）

なすの塩水漬け（輪切りにして漬けたもの）…1本分
きゅうりの塩水漬け（輪切りにして漬けたもの）…1本分
塩甘酒（P.71 参照）…大さじ4
粉辛子…小さじ2～3（4～6g）
ぬるま湯…小さじ2

作り方

① 小さな容器に粉辛子を入れ、ぬるま湯を加えてよく混ぜ、5分おく。塩甘酒を加え、さらに混ぜる。
② なす、きゅうりの塩水漬けを手でしぼって水けをきり、ボウルに入れる。❶を加え、混ぜる。

「塩水」で煮れば、根菜も煮くずれない！

じゃがいもやさつまいも、里いも、かぼちゃなどは、煮物にすると「つい煮くずれてしまって、加減が分からない」という人も多いかもしれません。けれど塩分2％の塩水で煮ると、ぎゅっと身がひきしまり、煮くずれることがありません。里いもの場合は、煮くずれないと同時に、ぬめり取りや下ゆでもいらなくなります。ほんのり塩味が効いているので、そのままでも、オイルなどをふりかけただけでもおいしいですし、水けをきって、フライパンで軽くソテーしてもいい。無駄な水分が抜けているので、食感もよくなります。

なお、鍋の中で対流が起こり、ぐらぐら揺れてしまうとそれが煮くずれの原因にもなってしまうので、野菜類は**鍋底にすき間なく敷き詰めて**、水はかぶるぐらいの量を注ぎます（いも類が泳ぐぐらい加えると多すぎ。あくまで「かぶるくらい」の加減で）。強火でボコボコ煮立たせるのではなく、弱火でじっくり火を通すのがコツです。

ちなみに2％の塩水を沸騰させ、ブロッコリー、ズッキーニ、空豆、いんげんなどもさっとゆでると、食感がよく、水っぽくならず、さめてもおいしく仕上がります。なすもアク抜きいらずで色鮮やかにゆで上ります。

さつまいもの塩水煮

材料（作りやすい分量）

さつまいも…適量

塩水（塩分2％）…適量

オリーブオイル…適宜

ほかの野菜でもアレンジ可能！

ポテトサラダもこの方式でじゃがいもを煮ると、しっとりおいしい仕上がりに。なすの皮をむいて塩水煮にし、水けをよくきって冷たく冷やしもみのり、ごま油、しょうゆで食べるとおいしい。

2%

❶ 鍋にさつまいもを敷く

さつまいもは皮をむき、
2〜3cm厚さに切り、
鍋底にパズルのように
ぴったり敷き詰める。

すき間があると
煮汁の対流が起こり、
煮くずれの原因になってしまうので、
間を空けないできっちり敷き詰める。

❷ 塩水を加え、火にかける

塩分2％の塩水を
かぶるくらいに注ぎ、弱火にかける。
さつまいもの表面に
細かい気泡が出てきたら、
ふたをする。
竹串がすっと通るくらいに
さつまいもがやわらかくなるまで、
弱火のまま煮る。

気泡はさつまいもの水分が抜け、
身がしまった証拠。
これにより食感がよくなり、
甘味が強くなり、アクも抜けて
きれいな黄金色になる。

❸ 粉ふきにして完成

塩水を捨て、
さらに30秒ほど加熱して、
粉ふきにする。

器に盛り、好みで
オリーブオイルをかける。
ココナッツオイルや
メープルシロップをかけると、
デザートに。
レモン汁と好みの油で
サラダにしてもおいしい。

魚も貝も「塩水」で煮れば、ふっくら&しっとりの仕上がり

2%

魚料理というと「焼き魚ばっかりでバリエーションがない！」という方に、ぜひ試していただきたいのが、魚介類の塩水煮。酒を加えた塩分2％の塩水で魚介を煮ると、ふっくらおいしい食感に煮上がるのです。

塩水で煮ると、おいしさは逃げないのに、特有の生ぐささはなくなります。調理例に出したかきはもちろんのこと、金目鯛、かじきまぐろ、たら、さわらなど、生魚の切り身やえび、いかはすべてこの方法で、おいしく仕上がります。なお、いかは、ふつふつしてきたら、すぐに引き上げましょう。まずはそのままで自然な塩味を楽しみ、次に調味料や薬味類などをプラスしてみてください。「グリルを使ったあとは、洗い物が面倒」と思う人も、この方法だったら焦げつかず、鍋を洗うだけなのでとっても気軽です。塩水に酒を加えておけば、煮汁もスープとして活用できます。

また塩ざけや塩だら、ししゃもなど塩漬けの魚、塩が効いた干物類を、それよりも薄い1％の塩水で煮ると、塩はほどよく抜け、身もふっくらするのでおすすめです。

かきの塩水煮

材料（作りやすい分量）

生がき…500g

酒塩水（塩分2%）

- 水…400mℓ
- 酒…100mℓ
- 塩…小さじ2

長ねぎ…2本

❶かきを塩水で洗う

かきは塩水（塩分3％、分量外）でやさしく洗う。ざるに上げ、水けをきる。長ねぎは5〜6cm長さの筒切りにする。

水で洗うとかきのうま味が逃げてしまうので、やや塩分の強い塩水（分量外）でやさしく洗う。

❷弱火でかきを煮る

鍋に酒水の材料を入れ、塩をよく溶かす。かき、長ねぎを入れ、弱火にかける。ふつふつしてきたらアクを取り、かきがふっくらするまで2〜3分加熱する。ぐらぐら煮立たせないように気をつける。

❸器に盛る

まずはそのままでひと口、次にレモン汁や酢、大根おろし、しょうゆなどをかけていただく。塩分はすでに入っているので、しょうゆは控えめに。**ゆで汁はおいしいスープに。**

残った煮汁は、アク取りワザ（P.38参照）を使うと、塩分濃度が薄まり、刻んだ青ねぎなどを加えれば上等なおすましに。豆乳とこしょうを加えると、簡単クラムチャウダーに。

新じゃがを使って

2%

塩水煮の応用①

新じゃが塩水煮のガーリックソテー

油はココナッツオイル（無香タイプ、P.64参照）を使うとじゃがバターのようなコクが出ておいしいです。

材料（作りやすい分量）

- 新じゃがいも
- 塩水（塩分2％）
- ココナッツオイルまたはオリーブオイル
- にんにく（薄切り）
- こしょう

（すべて適量）

作り方

① 新じゃがいもは皮つきのまま鍋に入れ、塩水をかぶるくらいに注ぎ、弱火にかける。細かい気泡が出てきたらふたをして、やわらかくなるまで弱火のまま煮る。

② 冷たいフライパンに水けをきった❶、少し多めの油、にんにくを入れ、中火にかける。ときどき返しながら、全体がこんがりするまで焼く。

③ 器に盛り、フライパンに残ったオイルをまわしかけ、こしょうをひく。

ししゃもを使って

1%

塩水煮の応用②

ししゃもの塩水煮

焼くのとはまったく違った、ふっくらやわらかなししゃもの味わいを楽しめます。

材料（作りやすい分量）

- ししゃも
- 塩水（塩分1%）
- 青じそ
- すだち
- オリーブオイル

（すべて適量）

作り方

① 鍋にししゃもとかぶるくらいの塩水を入れ、弱火にかける。ふつふつしてきたらそのまま1～2分煮て、火を止める。

② くずれやすいのでそっと鍋から出して器に盛り、みじん切りにした青じそをのせ、すだちをしぼり、オリーブオイルをまわしかける。

※レモン汁やごま油でもおいしい。

覚えておきたい料理のワザ❸

「炒め玉ねぎ」の使い分け

うま味出しとして使われる「炒め玉ねぎ」。これさえあれば、短時間でコクのあるスープやカレーが簡単に。玉ねぎ大3個を縦半分に切り、繊維を断ち切るように薄切り。それを菜種サラダ油大さじ3で5分炒め、完全に冷まして塩小さじ1/3を加える。冷まして塩を加えるのをもう2回くり返すと、合計15分加熱で1時間以上炒めたような仕上がりに。

あめ色玉ねぎ

鉄フライパンで強火で炒めると、あめ色玉ねぎに。つややかな深みのあるあめ色になったらでき上がり。コクとボリュームのあるうま味が特徴。

⇩

ミネストローネやオニオングラタンスープなど、
冬のこってりとしたスープに。カレー全般にも。

色白玉ねぎ

ステンレスの鍋で中火で炒めると、色白玉ねぎに。辛いツンとした香りがなくなったらでき上がり。すっきりした、やさしいうま味が特徴。

⇩

ホワイトシチューや白味噌の豆乳スープなどの
白いスープ、繊細な味わいの春野菜のスープに。

覚えておきたい料理のワザ4

「にんにくの切り方&加熱」の使い分け

にんにくは切り方と加熱時間によって風味がぐんと変わります。切る数が多くなるほど特有の香りは強くなり、少ないほど香りは弱くなります。また加熱時間が長くなるほど香りは少なくなり、うま味は強くなっていくので、料理によって使い分けを。

丸のままじっくり加熱

にんにく特有の香りはほとんどなく、うま味とコクだけが出る。出がらしはフォークでつぶしてペースト状にして、マヨネーズに混ぜてうま味を足したり、味噌とオリーブオイルと混ぜてディップにしたりしてもよい。

→ 具だくさんのお味噌汁、繊細な和風スープ、やさしい味わいのホワイトシチューなどに。

十字切り込みでじっくり加熱

ほどよくにんにくらしい香りも立ち、まろやかなコクが出る。スープやパスタを作るとき、最初に冷たいオイルと一緒に弱火にかけて加熱し、細かい泡と一緒ににんにくの丸い風味をオイルに移すようにするとよい。

→ 上記以外のスープ全般に。ほんのりにんにく風味をつけたいパスタ料理やピクルスに。

薄切りでさっと加熱

より積極的に、にんにくの風味を立たせられる。加熱時間は長くなってしまうと、せっかくの香りが弱まってしまうので、炒め物などはさっと比較的短めに。肉や魚のくさみ消しとして活用したいときは、この切り方で。

→ ペペロンチーノや青菜の炒め物、肉のソテーや魚のグリルなど。

切り方で、こんなに風味が変わる!

みじん切りでさっと加熱

短時間でパッと加熱する料理で、にんにくの風味を強く立たせたいときに。

→ 麻婆豆腐、中華やエスニック風の炒め物料理など。

※さらににんにく風味をいちばん強く効かせたいときはすりおろしで、生のまま使うようにする。

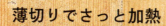

第2章

「塩」をマスターしたら味を広げましょう

塩だけ料理をマスターしたら、次にほかの調味料を加え
少しずつ味を広げていきましょう。
「適切な塩加減」というしっかりとした軸があれば、
まわりに味を足していくのも、比較的スムーズになるはずです。
世の中には山のように調味料が売られていますが、
増やすべき味は、いわゆる「基本調味料」とされているもの。
もしかしたら「これだけ？」と思われるかもしれませんが、
それらを上手に組み合わせれば、驚くほど幅広い味わいが楽しめます。
「もっともっと」と増やしたい気持ちをぐっとおさえて
まずは基本の調味料たちと、じっくりお付き合いしてみましょう。

たくさんある調味料、何から選ぶ？

味付けの軸は塩、そのまわりに味を広げていくのが調味料。私にとって調味料は、「**塩を引き立てる係**」という存在です。それぞれの調味料を、酸味係、うま味係、甘味係……といった風に考えておくと、優先順位がシンプルになります。

そして、素材に足りない味を足すことができるのが、調味料の役割。第1章で「五味」のうち、素材自体にないのが「塩味」だと書きました。例えばトマトには「甘味」「酸味」「うま味」が含まれていますが、食べてみると、甘味がぼんやりしていたり、酸味が足りないときもあったりします。そんなときに調味料で補えば、ちょうどいい味わいにたどり着くことができるのです。

それぞれの係に、たくさんの調味料は必要ありません。私は係を左の5つに分け、それぞれ1〜2品の調味料で担当してもらっています。例えば酢というと、米酢・黒酢・バルサミコ酢・りんご酢・ワインビネガー……といった具合にいろんな種類の酢が販売されていますが、基本は米酢、それに余裕があれば梅酢があれば充分。まずは基本の調味料を徹底的に活用し、自分の味付けを完成させましょう。

味を広げていくには？

酸味で**味を変化**させる

酢・梅酢

幅広く使える「米酢」を基本に、塩味・うま味・酸味をあわせもつ「梅酢」があると便利。

発酵の力で**うま味**、**風味**を添える

味噌・しょうゆ

複雑なうま味がある「味噌」と「しょうゆ」。いろんな味を加えなくても、味が決まる。

味わいに**ボリューム**を出す

油

料理にコクを出し、満足度を上げられる「油」。自分に合う植物油を1種、選びましょう。

味わいに**深み**を持たせる

酒・みりん

味に奥行きを与えてくれる「酒」と「みりん」。入れるだけで、料理の質が格段にアップ。

ピリ辛、コク出しで変化球

甘酒・一味唐辛子

甘味料代わりの「甘酒」に、辛味担当の「一味唐辛子」。甘酒はとろみづけにも活躍。

味を広げる調味料たちは、どんなものを選ぶべき？

酢・梅酢

塩味を軽く感じさせたり、加熱するとうま味に変化したりすると同時に、素材をやわらかくしたり、くさみを取ったり、保存性を高めてくれたりする「酢」。1本選ぶなら、味わいに**クセがなくまろやかな「米酢」が便利**です。

梅干しを作る過程で取れる「梅酢」は、塩味にうま味・酸味がすでに合わさっているので味が決まりやすく、実は**料理初心者にこそすすめたい**調味料。オリーブオイルを加えればドレッシングになるし、炊き立てのごはんに混ぜれば酢飯にも。おむすびに加えれば、保存性も高まります。

味噌・しょうゆ

それぞれ大豆を主原料に、麹と塩を加えて発酵させた日本の伝統調味料。熟成された独特のうま味があり、「味噌」にお湯を注いだらもう味噌汁、「しょうゆ」にお湯を注いだらお吸い物と言っていいと思っています。大切なのは、**本醸造**（麹菌や酵母など微生物の力によって、長期にわたり発酵・熟成させたもの）**のもの、余分な添加物**（アミノ酸液や保存料）**などを加えていないもの**を選ぶこと。自然に任せて熟成させるため、製品になるまで長い時間がかかりますが、その分おいしさはピカ一ですので、ほかに余計な味を加えなくても満足いく味わいになります。

油

植物から**自然な製法で取った油が、いい油**です。「圧搾しぼり」と表記のある「ごま油」「菜種油」「オリーブオイル」や、「ココナッツオイル」などがそれに当たります。それ以外の方法は薬品処理によって抽出されたものなので、おすすめしません。菜種油は、しぼったままの黄色い菜種油はややクセが強いので、湯洗いタイプ（菜種サラダ油）が使いやすいです。ココナッツオイルも、香りのあるものと無香タイプがありますので、いろんな料理に使える無香タイプを選びましょう。油にとって大敵なのは「酸化」で、封を開けたらなるべく早く使いきりましょう。

酒・みりん

料理の味を深めたり、においやアク消しなどに使う酒。入れたと分からずに料理の質を上げてくれる役割があります。一般に「料理酒」として販売されているものは、食塩が含まれていることが多いので、**塩を添加していない、普通に飲める日本酒**を選んでください。

みりんとはお米を原材料にしたリキュールで、料理に甘味やツヤを与えてくれます。こちらも普通に飲んでおいしいものを。糖類や香料などを添加したみりん風調味料ではなく、**本みりん**を選びましょう。なお**みりんがない場合は、酒＋甘酒でも代用できます。**

甘酒・一味唐辛子

私は基本的に料理に「砂糖」は不要だと思っていますので、**甘味が欲しいときは「甘酒」を活用**します。甘味と同時にとろみもつき、ドレッシングやカレーのとろみづけとしても活用できます。酵素の力で肉や魚のくさみを取り、やわらかくしてくれる効果も。ストレートタイプではなく、保存性のある濃縮タイプを選びましょう。

料理にピリッとした辛味で変化をつけてくれる唐辛子調味料は、いろんな種類がありますが、基本的には**一味唐辛子がひとつあれば、OK**。味噌やしょうゆ、酢といったほかの調味料と混ぜ合わせることで、いろんな変化が楽しめます。

おすすめの調味料はP.120・121で紹介しています。

市販の調味料を買わなくても、いろんな味は作れます

食料品店には、本当に多くの調味料が売っています。それらをひとつひとつ買っていくと、調味料棚には瓶や袋が増えていく一方。けれども63ページで挙げた基本の調味料を組み合わせたり、そこにおなじみの食材を加えたりするだけで、実は市販の調味料に近い味をいくつも作り上げることができます。

例えばうどんやそばに欠かせない「麺つゆ」は、かつおぶしに、しょうゆとみりんを合わせた「生かえし」を注ぐだけで、でき上がり。鍋料理の定番「ぽん酢」だって、「生かえし」とかんきつ果汁を混ぜるだけ。あとのページで紹介しますが、焼き肉のたれや、コチュジャン、タバスコのようなピリ辛調味料も、混ぜるだけでかなり市販品に近い味が家でも作れます。どれも「こんなに簡単だったんだ」と拍子抜けするほど。好きなときに好きな量を作れれば、むやみに調味料を買わなくてもいいと思えるはずです。

しょうゆ ＋ みりん

生かえし

材料（作りやすい分量）

しょうゆ…150mℓ
みりん…150mℓ

作り方

①鍋にみりんを入れて弱火にかけ、2分間加熱する。

②火を止めてしょうゆを加え混ぜ、保存容器に入れる。

※冷蔵庫で約3か月～半年保存可能。

使い方

「深みのあるしょうゆ」という位置付けで、しょうゆ代わりに何でも使える。炊き込みごはんやきんぴら、炒め物、おひたしに。だしでのばして、お吸い物にも。

➕かんきつ果汁で

ぽん酢

材料と作り方

保存容器にゆず、すだち、レモンなど好みのかんきつの果汁をしぼって入れ、果汁と同量の生かえし、もしくは、だしかえしを注ぐ。

※冷蔵庫で約2週間保存可能。

使い方

鍋料理のたれに。焼き魚や刺身にかけて。オリーブオイルを加えてドレッシングとしても。無農薬のかんきつを使うときは、皮もすり下ろして入れると、香りがより豊かに。

➕かつおぶしで

いわゆる麺つゆ

だしかえし

材料と作り方

保存容器いっぱいにかつおぶしを入れ、生かえしを注ぐ。冷蔵庫でひと晩以上寝かせれば完成。

※昆布1枚を加えてもおいしい。冷蔵庫で約1か月保存可能。

使い方

水で割って麺つゆとして、うどん・そばに。煮物に加えて。残ったかつおぶしはフライパンで弱火でパリパリになるまでから炒りし、ごまを加えると、おいしいふりかけになる。

「酒＋乾物」で、即席「うま味の素」が、手軽に完成！

「昆布水」（P.26参照）を期限内に使いきれず、ダメにした経験があるズボラさんにもおすすめなのが、こちらの「昆布酒」と「しいたけ酒」。保存性のある酒と乾物で作る、「だしの素」的調味料です。

もともと酒は、料理の味に奥行きを与えてくれる存在。そこにだし素材である昆布と干ししいたけが加わって、さらにうま味がアップします。水を加えて煮立てればだしとして使えるのはもちろん、料理にうま味風味を添えてくれる調味料として、幅広く使えます。昆布酒はクセが少なくオールマイティな味わい、しいたけ酒はうま味が強く、少し中華風の味わいに仕上がります。酒のアルコール分があるので、スープや炒め物、蒸し物など、加熱する料理に使いましょう。

この「酒＋うま味乾物」の応用として、小えびや桜えび、ほたて貝柱などを酒に漬けたものも、おいしくておすすめです。

酒 ＋ 干ししいたけ

しいたけ酒

材料（作りやすい分量）

干ししいたけ…20g（酒の10％）
酒…200mℓ

作り方

干ししいたけはキッチンペーパーでよごれを拭き取り、保存容器に入れる。酒を注ぎ、冷蔵庫で保存する。漬けた翌日から使える。

※冷蔵庫で約1か月保存可能。酒がなくなったら2～3回つぎ足しができる。出がらしのしいたけも料理に活用可。

酒 ＋ 昆布

昆布酒

材料（作りやすい分量）

昆布…20g（酒の10％）
酒…200mℓ

作り方

昆布はキッチンバサミで細かく切り、保存容器に入れる。酒を注ぎ、冷蔵庫で保存する。漬けた翌日から使える。

※冷蔵庫で約1か月保存可能。酒がなくなったら2～3回つぎ足しができる。

使い方

煮物や炒め物のかくし味に。パスタソースに、白ワインの代わりに入れて。スープがひと味足りないときに加えても。小鍋に半分に切ったミニトマト適量、昆布酒またはしいたけ酒大さじ2、水スープカップ1杯、塩少々を入れ、煮立てればカンタントマトスープに。

野菜と出がらししいたけ炒め

フライパンに植物油、にんにく、しょうがのみじん切り、薄切りしいたけを入れ炒める。好みの野菜を加え、しんなりしてきたら、しいたけ酒を加えて炒め、水溶き片栗粉でとろみをつける。塩、こしょうで味を調える。

ごぼうの塩きんぴら

フライパンに植物油を入れて中火にかけ、せん切りにしたごぼうを炒める。しんなりしてきたら昆布酒を加えて炒め、アルコールを飛ばして、塩で味を調える。火を止め、白炒りごまをふる。

うま味、とろみが増す「甘酒」パワーに注目

塩麴はとても便利な調味料ですが、手作りすると実は傷みやすくて保存がむずかしく、塩分も高め。同じ「発酵のうま味＋塩け」なら、甘酒に塩を加えた「塩甘酒」のほうが手軽で便利です。使い道は幅広く、塩が保存性を高めてくれて、野菜とよくからむドレッシングなど、特有のとろみを生かした使い方もできます。甘酒を購入して封を開けたら、そのままだとあまり日持ちはしないので、塩を混ぜておくのがおすすめ。

また、私の定番レシピとして人気なのが「万能だれ」。甘酒にしょうゆ、酢、にんにく、しょうがを加えたもので、市販品の「焼肉のたれ」そっくりの調味料。一度口にすると、「こんな味も自分で作れるの？」とびっくりする人が多いです。市販品のように、化学調味料やたくさんの糖分も入っていないので、体にも安心です。ぜひ手作りしてみてくださいね。

甘酒 ＋ α

万能だれ

材料（作りやすい分量）

しょうゆ…200mℓ
甘酒（濃縮タイプ）…150g
酢…大さじ1
にんにく（すりおろし）…1かけ分
しょうが（すりおろし）…1かけ分

作り方

保存容器にすべての材料を入れ、清潔なスプーンでよくかき混ぜる。

※冷蔵庫で約1か月保存可能。

使い方

そのままたれとして焼いた魚、肉、野菜にかけて。唐揚げの下味に。「塩カレー」（P.32参照）のかくし味としてひとさじ入れると、とたんに市販品の味わいみたいに。

塩甘酒

材料と作り方

保存容器に甘酒（濃縮タイプ）250gと塩25g（甘酒の10％）を入れ、清潔なスプーンでよくかき混ぜる。

※冷蔵庫で約1か月保存可能。

使い方

大根の塩水漬け（P.49参照）の薄切りと混ぜると、「べったら漬け」風に。焼き魚や焼きいかの下味に。カレーのかくし味に。塩麹とほぼ同じような使い方が可能。

⊕ 玉ねぎで

バーベキューソース

※冷蔵庫で約2週間保存可能。

材料と作り方

万能だれのレシピ量に、玉ねぎすりおろし1/4個分（またはりんごのすりおろし1/4個分）を加える。好みで一味唐辛子や、炒りごまを加えてもおいしい。

⊕ レモン汁、オイルで

甘酒ドレッシング

材料と作り方

瓶に塩甘酒、レモン汁、植物油を目分量で1：1：1くらいの割合で入れ、ふたをしてよくふる。

※冷蔵庫で約1週間保存可能。

⇨バリエーション

レモン汁の代わりに酢で作ってもよい。レモンの皮のすりおろしや、こしょう、にんにくのすりおろしなどを加えるのもおすすめ。

塩甘酒を使って

甘酒調味料の応用①

かじきの塩甘酒ソテー

甘酒の力で魚特有のくさみが取れ、身もややわらかくジューシーな味わいに。

材料（1人分）

かじきまぐろ（切り身）…1切れ
塩甘酒（P. 71参照）…小さじ2〜3
ラディッシュ、玉ねぎの塩水漬け（P.49参照）…適量
好みの植物油…適量
万能ねぎ…少々

作り方

① かじきまぐろは半分に切り、塩甘酒をまぶす。
② フライパンに植物油と❶を入れ弱火にかけ、こんがりとした焼き目がつくまで焼く。
③ 器に盛り、ラディッシュ、玉ねぎの塩水漬けを添え、小口切りにした万能ねぎを散らす。

万能だれを使って

甘酒調味料の応用②

厚揚げステーキ

肉や魚がないときも、これさえあれば立派なメインに。
甘酒は焦げやすいので、弱火でじっくりからめます。

材料(作りやすい分量)

厚揚げ…1枚
万能だれ(P.71参照)…大さじ2
好みの植物油…適量
なすの塩水漬け(P.49参照)…適量
ししとう…適量
白炒りごま…少々

作り方

①厚揚げを食べやすい大きさに切る。なすの塩水漬けは水けをきり、輪切りにしたあと、表面に格子の切り込みを入れる。
②フライパンに植物油を入れて弱火にかけ、❶、ししとうを入れる。ときどき返して、なすとししとうに軽い焦げ目がついたら器に取り出す。
③フライパンに万能だれを加え、厚揚げにからめる。火を止め、器に盛り、白ごまを散らす。

ピリ辛味は、「一味唐辛子」があれば、すべてOK

調味料売り場に行くと、特に「多いなあ」と感じるのは、唐辛子関係の調味料です。世界中に唐辛子料理があるせいでしょうか、チリペッパーにチリパウダー、カイエンヌペッパー、スイートチリソース……などなど。これらすべてを買っていたら大変なことに。そこで私は、唐辛子調味料はすべて、一味唐辛子ひとつでまかなうことに決めました。特に日本の食卓で登場する回数が多いと思われる「コチュジャン」「タバスコ」「ラー油」という唐辛子調味料、これらもすべて、混ぜるだけで自分で作ることができるのです。

自分で手作りすれば、辛さの度合いも自分で調節可能なのもうれしい。それぞれしばらく漬けておくと、どんどん味わいがなじんでいきます。ピリッとした辛味は少しずつ収まって全体的にマイルドになり、そのぶん唐辛子特有のうま味が立ってきます。

一味唐辛子 ＋ α

コチュジャン

材料(作りやすい分量)

一味唐辛子…10g
甘酒(濃縮タイプ)…100g
塩…10g

作り方

保存容器にすべての材料を入れ、清潔なスプーンでよくかき混ぜる。冷蔵庫でひと晩寝かせれば完成。

※冷蔵庫で約2か月保存可能。

使い方

ベースが甘酒なので、和風おかずにもよく合う。煮込みや炒め物の味付けに、うどんやパスタのかくし味に。ゆで青菜や水けをきった「きゅうりの塩水漬け」(P.49参照)などとあえてもおいしい。

タバ酢コ

材料(作りやすい分量)

一味唐辛子…10g
酢…100mℓ
塩…10g

作り方

保存容器にすべての材料を入れ、清潔なスプーンでよくかき混ぜる。常温でひと晩寝かせれば完成。

※常温で約半年保存可能。

使い方

魚介類によく合うので、「かきの塩水煮」(P.54参照)にかけたり、白身魚のフライに添えたり。サンラータンや野菜のガスパチョの引き締め役にも。しょうゆと混ぜて、冷奴にかけて。酢の代わりに梅酢を使っても、おいしく作れる(その場合は塩を入れない)。

ラー油

材料(作りやすい分量)

一味唐辛子…5g
ごま油…50g

作り方

保存容器にすべての材料を入れ、清潔なスプーンでよくかき混ぜる。ときどき混ぜながら、冷蔵庫で3日寝かせれば完成。

※冷蔵庫で約1か月保存可能。

使い方

焼きぎょうざ、水ぎょうざのたれとして使うのはもちろん、ラーメンに入れたり、中華風の炒め物に使ったり。きのこや野菜のスープのアクセントとしても活躍。

第3章

食事の基本「ごはん」と「味噌汁」

毎日手を替え、品を替え、いろんな種類の
おかずを作って食卓に並べねばと考えていると
ごはん作りがおっくうになりますよね。
けれど、日々の食事の基本は「ごはん」と「味噌汁」。
忙しい日は、そのふたつだけを何とか作ればいい。
そんな大らかな気構えでいれば、台所に立つ気分も
うーんとラクになるのでは……と思います。
そしてごはんを炊くことも、味噌汁を作ることも
「こうせねば」という思い込みから離れて
もっと身軽に取り掛かれるようにしてみてはいかがでしょう。

どんな鍋、どんなカップでも、ごはんは炊ける！

「お米は炊飯器じゃないと炊けない」と思い込んでいる人の多いこと、多いこと。いえいえ、お米はふたつきであれば、どんな鍋でも炊けるのです。そして慣れてくれば炊飯器よりも早く炊け、取り扱いもラクチン。炊飯器だと内釜や内ぶたを洗って、本体の拭き掃除……と、お手入れも何かと大変ですが、鍋なら炊き終わったあと、普通に洗うだけ。何より**余計な場所をとらず、身軽**です。

玄米もそのまま炊くときは圧力鍋や、ある程度厚みのある鍋が必要ですが、水にしばらくつけ、発芽させてから炊くと（P.82参照）、普通の鍋でも、短時間でふっくら炊くことができます。また、発芽玄米は、眠っていた酵素が活性化し、芽を出すために必要な栄養を内部に増やすため、栄養価が高くなり、やわらかくなって、消化しやすくなるメリットもあります。

ごはんを炊くときの水加減は、白米なら「米：水」が「1：1」、玄米なら「1：1.5」。この数字を頭に入れておけば、たとえ計量カップがなくても、手持ちのコップやマグカップなどでさっと量って、気軽に、好きなぶんだけ炊くことができます。そして、毎回同じ鍋、同じコップで、同じ量のお米を炊いていれば、水は目分量で分かるようになります。

土鍋、ステンレス鍋、鋳物鍋。どんな鍋でも、それぞれにおいしくごはんを炊くことができます。ふたが軽い鍋を使うときは、ふたの上に重しをのせて使えばOK。

白米

白米コップ1杯に対し、水もコップ1杯。 →炊き方はP.80参照

1 : 1

発芽玄米

玄米コップ1杯に対し、水は1と1/2杯。 →炊き方はP.82参照

1.5 : 1

白米・分つき米は鍋で炊くと炊飯器よりも早くておいしい！

鍋でごはんを炊くときのポイントは、白米を洗ったあと、しっかり吸水させること。沸騰するまでふたはしないで、大きな泡が均一に立つのを確認してからふたをすること。ふたをしたら弱火で炊き、しっかり蒸らせば、つやつやのおいしいごはんの炊き上がりです。

❶ 白米を洗う

好きなカップで計量した白米を
鍋に入れ
たっぷりの水を加え、
素早くかき混ぜて水を捨てる。
これを数回くり返し、
にごらなくなったら
鍋をかたむけ水をきる。

精米した白米は、
ごしごしと研ぐ必要はなし。
やさしく手を動かし、
にごりがなくなればOK。

分つき米はぬかが残り
やすいので、しっかり研ぐ。

❷ 水を加え吸水させる

鍋に米を入れ、
❶と同じカップで計量した
同量の水を入れる。
米がすべて白くなるまで、
30分以上吸水させる。

透明だった米が白くなったら吸水完了。
ここまで吸わせないと、
冷めたらすぐボソボソになる。
五分づき米の場合は、
米の1.2倍量くらいの水を加える。

水加減は、まずは1:1の割合で炊いてみて、
季節やお米の状態・品種によって、
好みで調節する。

❸ 鍋を火にかける

鍋はふたをせずに、
火にかける。
厚手の鍋なら中火で、
薄手の鍋・小さめの鍋なら
弱火で。

最初から強火で
すぐに沸騰させてしまうと、
固い炊き上がりになってしまうので、
最初の加熱はゆっくりと。

冷えたごはんの温め直しも
鍋＋ざるでカンタン

鍋に水を入れ、水にふれない大きさのざるを重ね、冷えたごはんをのせる。ふたをして火にかけ、沸騰したら5分ほど蒸す。こうすると、ふっくらつやつやに！

❹ 沸騰したら強火にして泡を均一に

小さい泡でなく、
鍋全体に5円玉大の泡が
ボコボコ出ている状態にする。

この泡が下から上に
蒸気が通る道「カニ穴」となり、
お米がふっくら炊き上がる。
鍋がコンロ口の中央にあるか
どうかを確認し、
必要があれば鍋の位置を正す。

五分づき米は沸騰するとアクが
出るので、アクをていねいにのぞく。

❺ ふたをして弱火で炊く

泡を確認したら、
ふたをして弱火で10～12分炊く。

五分づき米の炊き時間は、
およそ15分。

❻ 火を止めて、蒸らす

ふたを開け、
中の状態を確認する。
表面に余分な水分がなく、
ふわっと盛り上がって
いれば炊き上がり。
火を止め、15分蒸らす。
蒸らし終わったら、
しゃもじで上下を返す。

カニ穴が開いているのが、
おいしく炊けた証拠。

玄米は発芽させれば普通の鍋でもおいしく炊ける

種子である玄米からほんの少し芽が出た状態が「発芽玄米」。
アク水を捨てると苦味のないすっきりした味わいになるので、
玄米炊きに炊飯器を使う人にも、実は発芽をさせておくのは
おすすめです。

❶ 玄米は水につけ、発芽させる

好きなカップで計量した
玄米はそっと水で洗い、
保存容器に入れて水を注ぎ、
一日以上おく。
すぐに炊けない場合も、
水さえかえれば2〜3日
水につけたままでもOK。

❷ ざるに上げ、水を加える

ざるに上げさっと洗い、
しっかり水けをきる。
つけていた水は玄米のアクが
たっぷり出ているので、捨てる。
鍋に玄米を入れ、
❶と同じカップで計量した
玄米の1.5倍量の水を入れる。

❸ 鍋を火にかけ、アクを取る

鍋はふたを開けたまま、
火にかける。
厚手の鍋なら、中火で、
薄手の鍋・小さめの鍋なら
弱火で。
アクが浮いてきたら
手早く（1〜2分で）
ていねいにすくい取る。

玄米は表面を傷つけないよう、
そっと洗う。
「土の中にいる」と錯覚させ、
発芽しやすくするよう、布などを
かけて暗くしておくとさらによい。

発芽した玄米。
玄米の先端部分の白い芽が目印。
春夏と冬では発芽までの時間が
違うので、芽の出具合で判断する。
冬はぬるま湯（30℃ぐらい）を
入れると発芽が早い。

タオルや布で鍋を包むと**保温効果が高まり、さらにおいしくなる。**蒸らし終わったら、しゃもじで上下を返す。

❹ 沸騰したら強火にして泡を均一に

鍋全体に5円玉大の泡が
出ている状態を目で確認する。

この泡が下から上に
蒸気が通る道「カニ穴」となり、
お米がふっくら炊き上がる。
鍋がコンロ口の中央にあるか
どうかを確認し、
必要があれば鍋の位置を正す。

❺ ふたに重しをのせ炊く

ふたをして弱火にし、
ふたの上にガラスボウルなど、
重しをのせ、20〜25分炊く。
ふたが重い厚手の鍋なら
そのままでOK。

ふたがきっちり閉まっていると、
蒸気が抜けずに圧力が高まるので、
ふっくら炊き上がる。
厚手の鍋の場合は、重しはいらない。

❻ 火を止めて、蒸らす

ふたを開け、
中の状態を確認する。
表面に余分な水分がなく、
ふわっと盛り上がっていれば
炊き上がり。
カニ穴が開いているのが、
おいしく炊けた証拠。
火を止め、20分蒸らす。

米とぬか、ぬか漬けの季節をめぐる関係性

よく自然食のお店などで、玄米にぬか漬けが添えてあるのが、昔から疑問でした。玄米を精米しないでそのまま食べるのだとしたら、ぬか漬け用のぬかは、どこから出るのだろう？ 私はきっと、季節によってお米の精米の度合いを変えていたのではないかと思うのです。

採れたてのお米（新米）が楽しめる秋から冬の間は、やわらかく、もちもちの玄米を食べ、春が来たら、お米の表面を少しずつ磨き、出てきたぬかで、ぬか漬けを漬け始める。お米が酸化してくる梅雨どきには三分づき、食欲の落ちる真夏は五分づき。ぬかがたくさん出る時期は、夏野菜のぬか漬けをたくさん漬けて、たっぷり食べて過ごす。そんな風に、季節の変化によって、お米の精米具合を変えていたのでは……。玄米の胚芽やぬか部分には、食物繊維やミネラル、ビタミンB_1やビタミンEなどの栄養素が豊富に含まれていると言われていますが、精米し、そ

の部分を削ってしまったぶん、かつての日本人はぬか漬けによって栄養を補っていたのではないでしょうか。

道具を増やすのに慎重な考えの私ですが、精米機を自宅に1台置いておくのは、おすすめです。お米は玄米を買い、季節の移り変わりや体調によって精米し、出たぬかでぬか漬けを作って食べる。このサイクルができてくると、たくさんのおかずを仕込まなくても、体に必要な栄養の多くを、補うことができるからです。

ぬか床の作り方は、以下の通り。保存容器にぬかと同量の水、ぬかの1/10の塩をよく混ぜます。前日入れた野菜を取り出し、新しい野菜を入れるだけ。野菜の水分でゆるんだら、同じ割合のぬかと塩を加えるだけ。新鮮な生ぬかと自然塩を使うのがポイントですが、精米機があると、新鮮な生ぬかがいつでも手に入ります。最初は風味や酸味がなくても、ほんのり塩味を楽しみ、いずれ乳酸菌や酵母菌が発生すれば、立派なぬか床になります。

味噌汁はもっと気軽に、もっと自由でいい

日本を代表する発酵食品・味噌。その味噌を溶いた味噌汁は、古くから日本人の健康を支えてきた食べ物です。世間では「だし信仰」が強いせいか、「味噌汁を作るなら、ていねいにだしをひかなくてはいけない」と思っている方が多いよう。けれども、味噌汁とはそもそも「味噌をお湯で溶いたもの」。上等なおだしで作った味噌汁はもちろんおいしいですが、毎日飲む味噌汁はもっと手軽に、もっと自由なものでいいのではないでしょうか。「ていねいに作らなきゃ」という思い込みで作らないよりは、「お手軽にしていいから、毎日味噌汁を飲もう」というほうが、体にも心にもいいと思うのです。

例えばわが家は、忙しい朝は家族それぞれが自分で味噌汁を作っています。昆布パウダーやおかかをもんだものを混ぜた味噌をスプーン1杯お椀に取り、そこにお湯を注ぐだけ。キッチンバサミで細ねぎをチョンチョンと切って入れれば上等。そんな手軽な感じでも、朝ごはんには充分です。

唯一大切なのは、味噌選び。味噌は人工的に短時間で発酵させたものではなく、**時間をかけてじっくり発酵させた本醸造のもの、添加物や化学調味料など余計なものが入っていないもの**を選びましょう。

乾物を使えば具材ストックもラクチン

切り干し大根をキッチンバサミで食べやすい大きさに切り、お椀に入れる。お湯を注ぎ、さっと洗ってお湯を捨てる。味噌を加え、お湯を注ぐと、簡単味噌汁のでき上がり。乾物の戻し汁がだし代わりになり、奥行きのある味わいに。

だし入り味噌で、「注ぐだけ味噌汁」に

味噌1パック（500g）に対し、小袋をしっかり手でもみ、粉状にしたかつおぶし4袋と昆布パウダー大さじ1を加え、よく混ぜる。これでお湯を注ぐだけで味噌汁ができる、かつお昆布だし風味のだし味噌が完成。お好みで具材を加えて。

コク出し素材を使って、さらにおいしく

即席味噌汁にはコク出し素材を効果的に使うと、満足度も上がります。にらは細かく刻み、お湯を注ぐだけでおいしいだしが出るし、すりごまを加えると、風味がアップ。最後にごま油を2～3滴たらすのもおすすめです。

水だしは、ミニサイズにして場所とらず

鍋で作る味噌汁用の水だしは、1ℓなどの大瓶を使うと置き場所に困る場合は、小さめサイズの容器を使って濃いめに出して、使う直前に水で薄めてもよい。使いきったら、もう一度水を差し、2、3回だしが出るので活用しましょう。

第4章

何しろ使える「鉄フライパン」と「せいろ」

調味料と同じく、台所でついつい増えてしまうもの、
それが調理器具ではないでしょうか？
鍋ひとつ取ってみても、ステンレス鍋、鋳物鍋、土鍋にアルミ鍋……
という具合に、「気付いたらかなりの数を持っていた！」という人も多いのでは。
けれど鍋によって、火の入り方はまちまちですから、
火加減という料理の勘所が、つかみにくくなってしまう原因にもなるのです。
調理器具を厳選し、身軽になるほど、料理は上手になると思っています。
お米を炊く用と、味噌汁や煮物を作る用の鍋ふたつ。
それに鉄フライパンとせいろがあれば、普段の料理はほとんど
まかなえると私は思っています。
このふたつの調理器具は、本当にいろんな可能性があるのです。

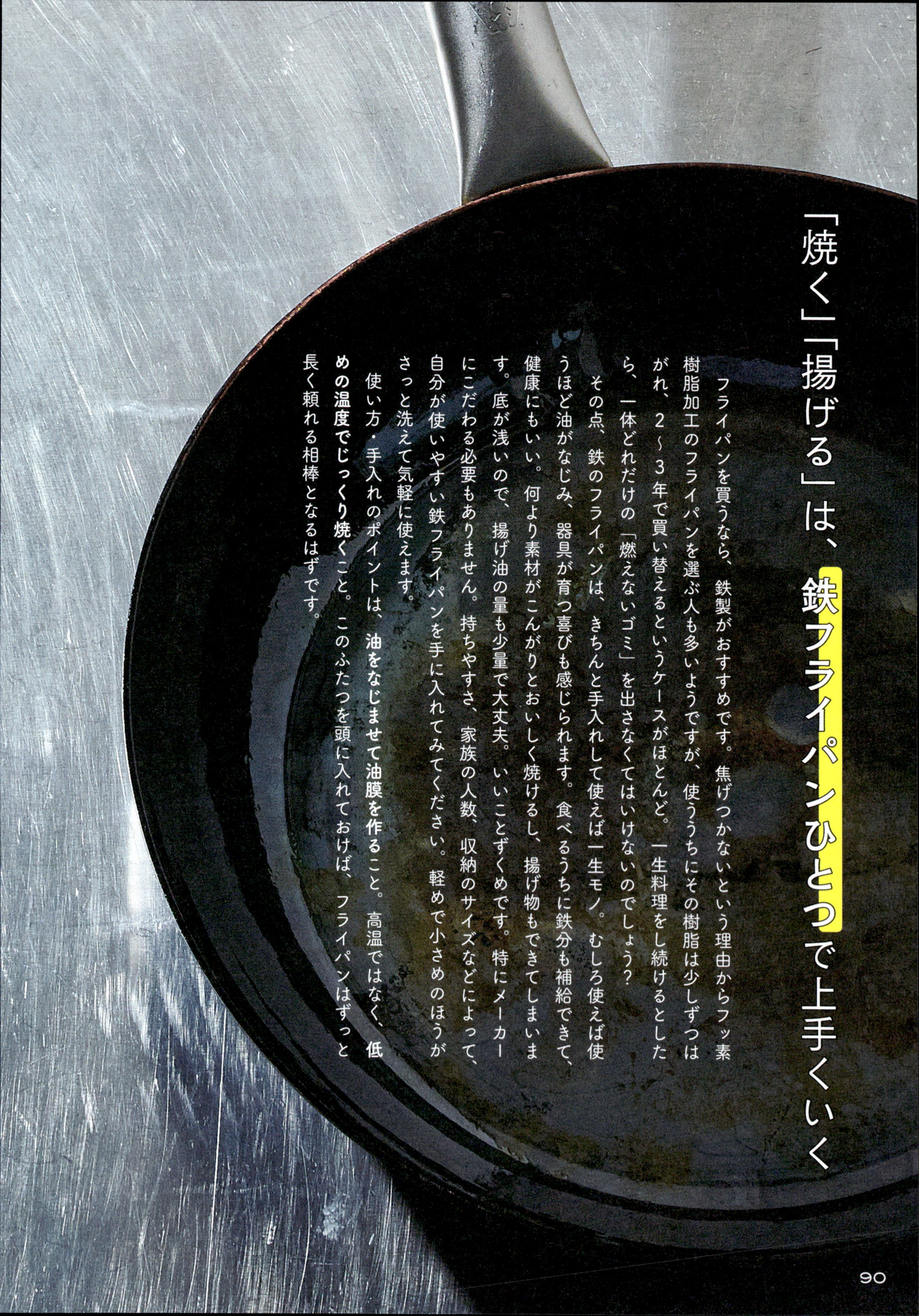

「焼く」「揚げる」は、鉄フライパンひとつで上手くいく

フライパンを買うなら、鉄製がおすすめです。焦げつかないという理由からフッ素樹脂加工のフライパンを選ぶ人も多いようですが、使ううちにその樹脂は少しずつはがれ、2～3年で買い替えるというケースがほとんど。一生料理をし続けるとしたら、一体どれだけの「燃えないゴミ」を出さなくてはいけないのでしょう?

その点、鉄のフライパンは、きちんと手入れして使えば一生モノ。むしろ使えば使うほど油がなじみ、器具が育つ喜びも感じられます。食べるうちに鉄分も補給できて、健康にもいい。何より素材がこんがりとおいしく焼けるし、揚げ物もできてしまいます。底が浅いので、揚げ油の量も少量で大丈夫。いいことずくめです。特にメーカーにこだわる必要もありません。持ちやすさ、家族の人数、収納のサイズなどによって、自分が使いやすい鉄フライパンを手に入れてみてください。軽めで小さめのほうがさっと洗えて気軽に使えます。

使い方・手入れのポイントは、**油をなじませて油膜を作る**こと。高温ではなく、**低めの温度でじっくり焼く**こと。このふたつを頭に入れておけば、フライパンはずっと長く頼れる相棒となるはずです。

使う前に弱火で「油ならし」。これで「こびりつかないフライパン」の完成！

❶ 冷たいフライパンにならし油を入れ、火にかける

フライパンに底から
5㎜ほどのならし油を入れて
弱火にかけ、じっくり加熱する。
煙が立ったら火を止める。
なお、ならし油は、
菜種サラダ油がおすすめ。
オリーブオイルやごま油は
焦げつきやすいので
おすすめしません。

フライパンの表面にたくさんある
小さな穴が、加熱することで膨張し、
その中に油が入り込むことで
薄い油の膜（油膜）ができる。
この膜が食材のこびりつきを
防いでくれる。

フライパンがなじんできたら
油ならしは必要ない。

❷ ならし油を容器に入れる

温まった油を
ステンレス容器などに入れる。
この油は「ならし油用」として使う。

煙が立ってしまった油は、
その時点で酸化しているので、
口には入れないこと。

ならし油は、料理の合い間の
拭きとり油としても活用する。
余ったらラップフィルムなどで覆い、
冷暗所に保管し、次回の油ならしに使う。

❸ キッチンペーパーで拭きとる

フライパン内に残った油を
キッチンペーパーで
側面に油をゆき渡らせながら
きれいに拭きとる。これで
「こびりつかないフライパン」の完成。
新たに料理用の油を加え、
調理を始める。
焦げつきやすくなったり、
洗剤で洗ってしまった
あとにも油ならしを行う。

調理後は**フライパンが温かいうちに**
洗うと、よごれがすぐ簡単に落ちる。
洗剤を使わずにたわしを使い、
お湯で洗い流す。
すぐに洗えないときは、水を入れておくこと。
水けをしっかり拭きとり、弱火で30秒～1分
加熱して水分をとばし、最初のうちは
ならし油を薄くぬってから収納する。

3つの「焼く」を鉄フライパンでマスターしましょう

油ならしが終わったら、実際にフライパンを使いましょう。ただ「焼く」といっても、実はいろんな焼き方があって、例え同じ素材を使ったとしても、まったく違う料理になるのです。ここでは同じズッキーニを使い、焼き方の違いをご紹介します。

しっかり油ならしをしたフライパンは油で拭くだけで、洗わずにA→B→Cの順番で続けて調理が可能です。

例えば、エリンギをこんがり焼きつけ、次にピーマンをしっとり焼き、最後にぶりを照り焼きにすれば、フライパンを一度も洗わずに、料理3品が完成してしまいます。

Ⓐ 焼きつける

焦げ目をつけるよう、じっくり焼きつける方法です。焦げの香ばしさが、何か調味料を加えたかのよう。焼き目をつけるなら強火と思う人が多いですが逆で、**弱火で動かさず、時間をかけ火を入れます。**表面はパリッと焼き固め、中はジューシーに仕上げるのが理想。

輪切りにし、焦げをつけたズッキーニをじっくり焼き、最後にパラリとしょうゆをかける。エリンギやしいたけといったきのこ類、輪切りにしたねぎなども、この焼き方がおすすめです。

大は小を兼ねない

鉄のフライパンは基本的にすき間を作らずに焼く。すき間があると、そこが高温になり、出てきた野菜汁などが焼き固まって、焦げグセのあるフライパンになってしまいます。「大は小を兼ねる」と、つい大きめを買いたくなりがちですが、ひとり暮らしや少人数家族の場合はむしろ、小さめフライパンで、無駄なく焼くのがおすすめです。

Ⓑ しっとり焼く

日本酒や白ワインなどを加え、蒸発した酒の蒸気で包みながら火を入れる方法。素材を油で軽く焼いたあと、酒類を加えてやや強火にして汁けを飛ばし、水分がなくなったら火を止めます。**色味をきれいに仕上げたい炒め物におすすめ**の焼き方です。

5〜6cm長さに切り、さらに縦4等分に切ったズッキーニを炒め、酒を加えて汁けを飛ばしたあと、塩、こしょうで味を調える。かぶ、チンゲン菜、にんじん、ブロッコリーなどもおすすめです。

Ⓒ カラメル化させて焼く

焼きの最後にみりんや甘酒など甘味調味料を加え、わざと焦がしあめ状にしてからめる焼き方。「しっとり焼く」のと同じく油で軽く焼いたあと、しょうゆと甘味調味料を加え、弱火で動かさずにしばらく火を入れ、最後にゆすってカラメル化させます。

乱切りにしたズッキーニを炒め、みりんとしょうゆを加えて弱火でしばらく焼き、最後にゆすってよくからめる。輪切りにした大根、れんこんなどもおすすめ。酢を加えると、バルサミコソテーのようになります。

鉄フライパンを使って、少量の油で「揚げる」

「揚げ油は何がおすすめですか?」と尋ねられると、私はココナッツオイルをすすめています。菜種サラダ油(P.64参照)でも、もちろんおいしくできますが、ココナッツオイルは数ある油の中でも、**もっとも酸化しにくい**ので揚げ油としてくり返し使え、最後はオイル煮や炒め物にして**使いきることができるので経済的**。揚げ油の廃棄のために、固める処理剤を買う必要もありません。価格は一般的なサラダ油よりも少し高めですが、長い目で見ると経済的で、環境にもやさしく、さまざまな健康・美容効果でも注目されていますから、体にもやさしい油だと思います。

もちろん料理の素材としても優秀。低温で揚げてもカラッとするので、鉄フライパンでの揚げ物にはぴったりだし、冷めてもべっとりせず、サクサクの食感が続きます。色も鮮やかに揚がるので、野菜の揚げ物などが美しく仕上がるのもうれしい。無香タイプを選べば味にまったくクセがないので、いろんな味付けを楽しめます。

ココナッツオイルは25℃以上だと液体に、それ以下だと固体になる性質があります。揚げ油として使うときは、固体のままフライパンや鍋に入れ、そのまま加熱して大丈夫です。

なお、菜種サラダ油を使う場合は、黄色くなり、とろみがついてきたら、使い終わりの合図です。

保存は冷暗所で

使い終わったあとは、ふたつきのガラス瓶などに移し、冷暗所で保存を。ふたつきの小鍋を揚げ物専用にするのもおすすめです。

「無香タイプ」を選んで

ココナッツオイルは香りのあるものと、無味無臭タイプがあります。ないもののほうが、和洋中の料理に幅広く使えて便利で、価格もリーズナブル。

こんなに少量でもOK

揚げ油の量の目安は、鉄フライパンの底から3cmほど。量が少ないと油の温度も早く上がり、短時間で料理に取り掛かれます。

揚げ油は、この3つの調理法で使いきる

1 野菜の素揚げ

素揚げとは、小麦粉や片栗粉などの粉類や、衣《ころも》をつけずにそのまま揚げること。**野菜そのものの色や味わいを楽しむことができ**、その素揚げを使って、さまざまな料理に応用することもできます（P.96～参照）。

2 衣つきの揚げ物

次に天ぷらやフライなどの揚げ物を。粉類や衣の残りかすは酸化の原因になるので、素揚げを何度か楽しんだあとに。なお**じゃがいもを揚げると、じゃがいもの食物繊維がよごれをからめ取ってくれて、油がきれいになる**効果も。

3 最後はオイル煮で（ココナッツオイルを使う場合のみ）

油が少なくなってきたら油と素材を鍋に入れてふたをし、しばらく加熱して「オイル煮」で使いきりましょう。ココナッツオイルに限りますが、**クリーミーなコクが加わって、野菜やきのこだけでも満足感のある味わいに。**

→使いきり料理

きのこの味噌オイル煮

好みのきのこ1パック、半分に切ったミニトマト1パック、味噌大さじ1～2、十字に切り込みを入れたにんにく1かけ、余ったココナッツオイル大さじ3～4を鍋に入れ、弱火にかける。トマトが煮くずれるまで煮て、こしょうをふってでき上がり。赤唐辛子1本を加えてもおいしい。ごはんにもパンにも、お酒のアテにも合う一品に。

「素揚げ」でコツをつかめば揚げ物はカンタン！

軽め野菜

ししとうの素揚げ

ししとうのほか、ピーマン、さやいんげん、ズッキーニ、薄切りのれんこんやにんじんなど、火が入りやすい、軽めの野菜の揚げ方です。揚げ油が中温の状態で入れ、短時間でさっと揚げます。

❶ 野菜を準備する

ししとうは揚げているときに
はじけないように、
パリンと音がするまで
指で押さえて、中の空気を抜く
（万願寺とうがらしなども同様）。
水けがあると油の飛びはねの
原因になるので、しっかり拭く。

❷ 油を中温に熱し、野菜を入れる

フライパンにココナッツオイル
（または菜種サラダ油）を入れ、
中火にかける。
中温になったらししとうを入れ、
揚げる。

菜箸をフライパンの底に
つけないように入れ、
細かい泡がしゅわーっと出てきたら、
中温（170℃）の目安。
一気に入れると温度が下がるので、
ししとうは少しずつ入れる。
高温にもなりすぎないよう注意。

❸ バットに上げ、油をきる

泡が小さくなり
（野菜からほどよく水分が抜けた証拠）、
皮がところどころ白くなったら
揚げ終わりの目安。
バットに上げ、
しっかりと
油をきる。

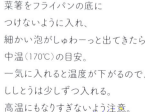

「揚げ物が苦手」という人はまず、素揚げから始めてみましょう。衣がついてなければ**素材の状態が分かりやすいし、温度の調節や揚げ時間の感覚もつかみやすい**のです。何度か試し「この素材の火入れは、この温度でこのくらいの時間」という風に「揚げ」の感覚をマスターしたら、揚げ方は同じなので、衣つきに進みましょう。

根菜類

じゃがいもの素揚げ

火が入るのにやや時間がかかる、じゃがいもやさつまいも、厚切りのれんこんやにんじんなど、根菜類の揚げ方です。油が冷たいうちに一緒に野菜も入れ、じっくり加熱。いったん外に取り出し、再び油に戻すことで、二度揚げしたような効果を狙います。

❶ 油と野菜をフライパンに入れる

ココナッツオイル（固まっている場合はそのまま。または菜種サラダ油）と、
じゃがいもをフライパンに入れ、
中火にかける。
油が液体になり、
そのまま中温の状態で、
ゆっくりじっくり揚げる。

❷「いったん取り出し、油に戻す」をくり返す

穴あきお玉などで
じゃがいもをすくい上げ、
2～3秒そのまま空気にふれさせ、
油に戻すのをくり返す。

いったん上げることによって、
表面がカリッとなり、
フライドポテトでよく行う
「二度揚げ」と同じ効果が。
短時間でできるズボラテクニック。

❸ バットに上げ、油をきる

泡が小さくなったら
（野菜からほどよく水分が抜けた証拠）
揚げ終わりの目安。
バットに上げ、
しっかりと油をきる。

なすの素揚げ

なすの揚げ方は、ちょっと特殊。アク取りのために濃いめの塩水にさらし、その水分が油を吸いすぎない膜の役割を果たします。片面だけをさっと揚げ、バットに上げたあとしっかり油きりを。外皮はパリッ、中はみずみずしさが残ります。

❶なすは塩水にさらし、アクを抜く

なすは縦半分に切り、
皮側に細かい切り目を入れ、
塩分3%の塩水に
10～15分ほど漬け、
ざるに上げて、水をきる。

浮いてきてしまうので、
ラップをかぶせるとよい。
アクが抜けると、
揚げたときに色鮮やかになる効果も。

❷油を中温に熱し、なすを入れる

フライパンにココナッツオイル
（または菜種サラダ油）を入れ、
中火にかける。
中温になったら、
塩水から取り出した
なすの皮側をさっと拭き、
皮側を下にして入れる。

内側が下にひっくり返ると、
水分が油に出てバチバチバチと
はねるので注意。

❸バットに上げ、油をきる

泡が小さくなり、
（なすからほどよく水分が抜けた証拠）
白い面がややグリーンがかり、
透明感が出てきたら
揚げ終わりの目安。
バットに上げ、
しっかりと油をきる。

油を切るときは、皮面を上にする。
油がほどよく抜け、
ジューシーな仕上がりに。

野菜の素揚げを料理に応用しましょう

揚げている間に調味料を合わせておきましょう。
慣れてきたら野菜を順番に揚げ、3品同時に作ることも可能です。

素揚げ野菜応用③

にんじんのグラッセ

材料と作り方

にんじん1本(150g)を1cm厚さに切り、じゃがいもの素揚げ(P.97参照)と同様にして揚げる。器に水大さじ1、甘酒(濃縮タイプ)大さじ2、塩小さじ1/3を入れてよく混ぜておき、揚げたてのにんじんを漬ける。

素揚げ野菜応用②

なすの梅酢マリネ

材料と作り方

なす3本は乱切りにして揚げる(P.98参照)。器に梅酢大さじ1、甘酒(濃縮タイプ)大さじ1を入れてよく混ぜておき、揚げたてのなすを皮を下にして漬ける。

素揚げ野菜応用①

揚げいんげんのおかかあえ

材料と作り方

いんげん200gは、ししとうの素揚げ(P.96参照)と同様にして揚げる。器にかつおぶし適量(ひとつかみ)、生かえし(P.67参照)大さじ2を入れて混ぜておき、揚げたてのいんげんを加え、あえる。

実はカンタン、テクニック＆手間いらずのせいろ料理

料理初心者に「おすすめの調理器具は？」と尋ねられたら迷わず「せいろ」と答えます。せいろとは「蒸す」ための道具。お湯を沸騰させた鍋の上に置き、お湯からのぼる蒸気によって、素材を加熱する道具です。

実はこの**「蒸す」というのは、いちばん簡単な調理法**。「煮る」「焼く」などは火加減が重要で、火の前にいなくてはいけませんが、「蒸す」は基本的にせいろまかせで、ずっとそばにいなくても大丈夫。火加減も強火が基本です。「煮すぎ」「焼きすぎ」は、料理にとって致命的ですが、ちょっとくらい「蒸しすぎ」ても大丈夫。ただし、鍋の中のお湯がなくならないように、そこだけは気をつけてください。炒め物のように油を必要とせず、低カロリーになるので、健康に気を配っている人にも頼もしい。

何より最大の利点は、冷凍していたごはんを温めると同時に野菜料理を一品、メインの魚料理と同時に副菜2品……という具合に、2品、3品、同時に調理できるところ。器ごと入れて調理できるので、余分な調理器具を使わず、せいろもよごれないので洗い物が格段に減るというメリットも。冷ごはんやおかずの温め直しも手軽で、電子レンジとくらべて断然おいしい。時間に追われて忙しい日々を送る人こそ、せいろを味方につけてほしいのです。

せいろは**手入れ方法をマスター**すれば手軽に長く、使い続けられる！

風通しのよい日陰で乾燥させながら保管を

湿気が多いとかびの原因になるので、通気性のいい、湿気のこもりにくい場所で保管を。乾燥しすぎも変形の原因になるので、日光や空調が直接当たらない場所を選ぶこと。

ときどき「空蒸し」して蒸気で殺菌を

せいろ内に料理がこぼれよごれてしまい、水洗いをしたときや、せいろをおろしたとき、今後しばらく使わないときなどは、せいろに蒸気を通す「空蒸し」を。沸騰した鍋の上にせいろをのせ、10分ほど蒸す。蒸気でせいろ内が殺菌され、鍋から外したあと、熱とともにせいろの水分も抜けていく。

せいろは洗わず「拭く」が鉄則！

自然素材でできているせいろは、水につけると割れなどの原因になってしまうため、使用後はできるだけ水洗いはせず、固くしぼったふきんで拭くだけでＯＫ。洗剤も使わないようにしましょう。

せいろがない場合は「鍋＋ざる」で代用を

お湯を沸騰させた鍋の上にざるをのせ、その上に食材をのせ、ふたをして加熱すれば簡易蒸し器に。蒸気がふたを伝ってたれてきて、食材が水っぽくなることがあるので、ふきんを挟んでふたをするのがおすすめ。

「蒸し豆腐」と「青菜のオイル蒸し」

2品同時に完成するせいろ料理

せいろで同時調理の実践編。湯豆腐よりも手軽かつうま味も立つ「蒸し豆腐」と、歯ごたえと栄養素がしっかり残る「青菜のオイル蒸し」を作りましょう。

❶ 1段目の豆腐を蒸す

絹ごし豆腐を器に入れ、蒸気の立ったせいろに入れてふたをして10分ほど蒸す。

蒸していると器が熱くなり、取り出すのがむずかしくなるので、蒸す前に器の下に布を敷いておき、それをひっぱるようにして取り出すとカンタン。**慣れたらなくてもよい。**

❷ 青菜をオイルであえる

好みの青菜を食べやすい大きさに切り、好みの油をまわしかけ、あえる。

青菜は小松菜やターツァイなどお好みのものを。油でコーティングしておくことで、青菜の色がより鮮やかになる。

❸ 2段目の青菜の器をセット

豆腐の上に青菜をセットし、再び強火にかける。

高さのある器を使ってせいろで蒸したいときは、上の段のせいろの上下をひっくり返してのせ、さらにその上にふたをのせる。

❹ 1段目&2段目を同時に蒸す

再び蒸気が上がってきてから
3分ほど蒸す。

❺ にがりを捨てる

豆腐の器を取り出し、
器の底にたまった
「にがり」が出た水を捨てる。

「にがり」は海水から採れる、
豆乳を固めて豆腐にしてくれる凝固剤。
その名の通り、独特の苦味がある。
豆腐を蒸すとそれが抜けるので、
まろやかでふわふわの味わいに。

❻ 2品同時にでき上がり

蒸し上がった豆腐に
「生かえし」(P.67参照)、ごま油、
みじん切りにしたにら、
小口切りにした赤唐辛子を
混ぜたものをふりかける。
青菜のほうはお好みで、
塩、こしょうなどを
ふりかけてもよい。

ひとりごはんも、人が来る日も、
せいろ料理が助かる！

せいろシステム料理②

一汁一菜のひとりごはん

おっくうになりがちなひとり分ごはんも、せいろシステムなら一度に一汁一菜が完成。冷ごはんなども一緒に蒸せば、立派な食事になります。

「蒸す」なら魚も、ふっくら加熱できる

塩だらの酒蒸し

調理が面倒と思われがちな魚も「蒸す」なら、とても気軽に。
食感もふっくらしっとり、上品な味わいに仕上がります。

蒸して出てきたたらの汁も活用

えのきのスープ

うま味の素であるきのこを刻んでしょうゆを加えて
蒸すだけで、だしいらずの即席スープが完成。

ごはんの温め直しも同時に

冷ごはん

冷ごはんの温め直しは、せいろが断然おすすめ。
みずみずしく、ふっくら温まります。

材料と作り方（1人分）

①器に塩だらを1切れのせ、酒小さじ2をふりかける。えのき1/4袋を細かく切り、底が深い器に入れ、しょうゆ小さじ1をからめる。しんなりしてきたら、水1/2カップを加える。

②せいろに❶、器に盛った冷ごはんを入れ、蒸気の立った鍋にのせ、強火で10分ほど蒸す。

③いったん鍋からせいろを下ろし、塩だらから出た水分を、えのきの器に入れる。絹さや適量に、ごま油を少々まぶし、塩だらの横に置く。

④せいろを再び鍋にのせ、強火で5分ほど蒸す。鍋から下ろし、塩だらに「ねぎ塩だれ」（下記参照）、えのきのスープにこしょう少々をふる。

蒸した塩だらから出てきた水分は、おいしいエキス。スープに加えてうま味もアップ！

ねぎ塩だれ（作りやすい分量）

器に長ねぎのみじん切り1/2本分、しょうがのすりおろし大さじ1、塩小さじ1/2を入れてよく混ぜる。しばらくおき、しんなりしてきたらごま油大さじ2を加え、混ぜる。冷蔵庫で約1週間保存可能。

人が来る日のおもてなし料理２品

家に人を招く日は、火の前にあまり長く立ちっぱなしでいたくないもの。

そんなときにもせいろは活躍。下準備して火にかけるだけで、前菜2品＋αのでき上がりです。

開始

1段目　15分そのまま蒸す

5分後に追加

2段目　10分蒸す

2品同時に完成

2段目

殻ごと蒸すから、うま味が逃げない

えび塩甘酒蒸し ズッキーニ添え

うま味調味料「塩甘酒」をまぶして蒸しただけで、立派な一品に。えびから出たうま味を吸ったズッキーニもジューシーでおいしいです。

材料（2～3人分）

えび（殻付き）…200g
塩甘酒（P.71参照）…大さじ2
ズッキーニ…1本
オリーブオイル…少々

作り方

① えびは背ワタを取り、殻ごと塩甘酒をからめる。ズッキーニは薄切りにし、器にぐるりと囲むように並べ、オリーブオイルをまわしかける。中央にえびをのせる。

② ❶をせいろに入れ、蒸気の立った鍋にのせ、強火で10分ほど蒸す。お好みで塩、こしょう（分量外）をふる。

1段目

むいた皮もかしこくおつまみに変身

蒸しなすのトマトだれ＋なす皮の味噌あえ

むいたあと捨ててしまいがちな皮も、おつまみとして活用しましょう。塩水に漬けておくことで、皮も実も色が悪くなるのを防ぎます。

材料（2～3人分）

なす…4～5本
味噌…適量
ごま油…適量
白炒りごま…適量
梅酢または酢…少々

作り方

① なすは皮をピーラーでむき、皮、実ともに塩分3％の塩水（分量外）に10分ほど漬ける。

② 水けをきってせいろに入れ、蒸気の立った鍋にのせ、強火で15分ほど蒸す。

③ なすの皮が熱いうちに味噌、ごま油をまぶし、白ごまをふる。梅酢または酢少々を加えると、色鮮やかになる。蒸しなすには、「トマトだれ」（下記参照）をかける。

トマトだれ

トマト1個をみじん切りにし、しょうゆ大さじ3、酢大さじ1、甘酒大さじ1とよく混ぜる。

ある日のおかず3品も一気に完成！

せいろのいいところは、2段3段と重ねられるところです。
慣れてくれば、3品同時調理なんてこともお手のもの。
素材それぞれの、必要な加熱時間だけを頭に入れておけば、応用もききます。

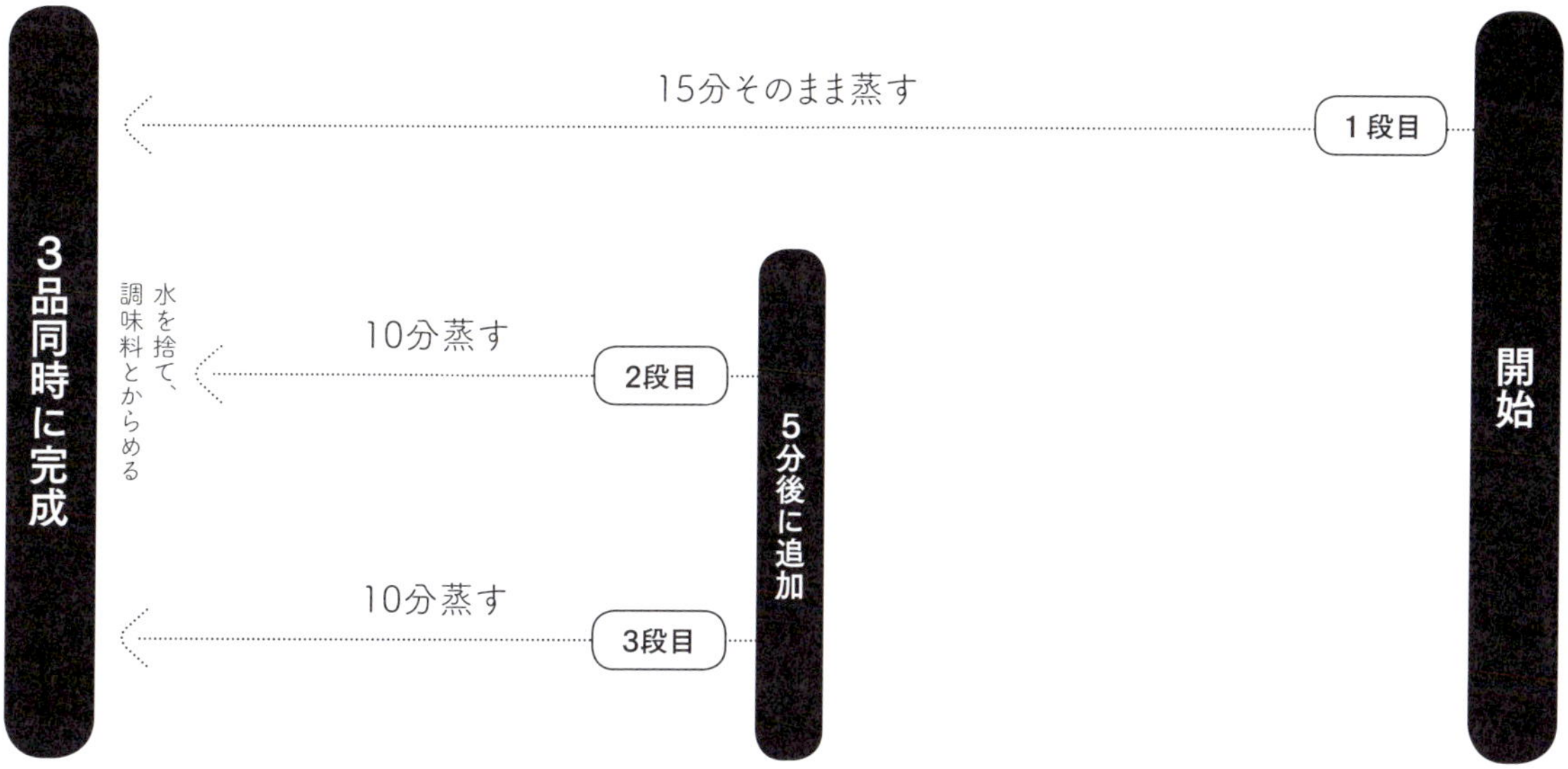

3段目

あさりとトマトのガーリック蒸し

加熱が難しい貝類も蒸すと
うま味が逃げにくい！

2段目

こんにゃく蒸し

こんにゃくも蒸すと、
アク抜きなしで食べられる。

1段目

切り干し大根と油揚げの蒸し物

乾物の切り干しも、蒸せば
水で戻す必要なし！

2段目

こんにゃく蒸し

こんにゃくも蒸すとよく水分が抜け、
食感がよくなり、味もしみ込みやすくなります。

材料（2〜3人分）

こんにゃく…1枚（200g）

A
- 味噌…大さじ1
- ごま油…小さじ1
- コチュジャン（P.75参照）…小さじ1/2

1段目

切り干し大根と油揚げの蒸し物

調味料とからめて蒸しただけでできる、懐かし系のお惣菜。
切り干し大根はさっと洗って蒸せば、水で戻す必要がありません。

材料（2〜3人分）

切り干し大根…30g
油揚げ…1枚
にんじん…1/3本

A
- しょうゆ…大さじ1
- 酒…大さじ1
- みりん…大さじ1
- 水…大さじ1

作り方

①切り干し大根はほぐし、水でさっと洗う。油揚げ、にんじんはせん切りにする。
②器に❶、Aを入れてよく混ぜ、せいろに入れる。蒸気の立った鍋にのせ、強火で15分ほど蒸す。

3段目

あさりとトマトのガーリック蒸し

直火だと身がしまりすぎてしまい、食感が悪くなりがちな貝類も
せいろだとふっくらおいしく仕上がります。
蒸すと甘味が増すトマトと合わせてどうぞ。

材料（2〜3人分）
あさり（砂抜きしたもの）…300g
ミニトマト…100g
にんにく（みじん切り）…1かけ分
オリーブオイル…適量

作り方
①器にあさり、ミニトマト、にんにくを入れ、オリーブオイルをまわしかける。
②せいろに入れ、蒸気の立った鍋にのせ、強火で10分ほど蒸す。

作り方
①こんにゃくは手でひと口大にちぎり、器に盛り、せいろに入れる。蒸気の立った鍋にのせ、強火で10分ほど蒸す。
②こんにゃくから出た水分を捨て、Aの調味料を加え、よくからめる。

最小限で最大限

例えば、しいたけひとつ焼くにしても、
ちょうどよく焼けて、香りがパッと立ったところを食べると、
香ばしくてジューシーで、本当においしいですよね。
ところが、焼き加減を見極めるのは、意外とむずかしい。
でも、いつも同じフライパンを使って焼き、塩だけで味付けしていると、

・長く焼きすぎると、香りも水分も飛んで縮んでしまう。
・火が強すぎると、表面が焦げているのに中は火が通らない。
・先に塩をふると、水分が出すぎてフニャフニャになってしまう。
・油が多すぎると、焼き色がつきにくく、香ばしさが出ない。

などなど、誰に教わらなくてもいろんなことに気付きます。
しいたけの状態が一目瞭然となり、何度か作っているうちに、
あっという間に焼き加減をつかむことができるのです。

野菜炒めも、なるべく同じ量の野菜を、同じフライパンで、
塩だけで調理すれば、すぐにコツがつかめます。
野菜と少しの油を、冷たい鉄のフライパンに入れ、弱めの火加減で、
ゆっくり火を通して水分を飛ばし、最後においしい塩をふるだけ。
いろんな調味料を組み合わせ、タイミングよく加えながら、
火加減にも気を配るのは、なかなかむずかしい技ですが、
これなら野菜から水分が出ずに、
しゃきっと上手に仕上げることができます。
最後の仕上げは、食卓で。

と言っても、むずかしいことはありません。
食べる人が、それぞれ好みの味に調節できるように、
テーブルに調味料をいくつか出しておくだけです。

おいしいしょうゆがあれば、
ほんの少しかけるだけで味は変わりますし、
調理中に加えて加熱したものと違い、
ところどころがしょうゆ味になって、また別の味わいがあります。
しょうゆがなじむまでのほんの1～2分の
「かけたてのおいしさ」とでも言いましょうか。
あっさり食べたいときは、熱いうちに酢を少々まわしかけ、
箸でさっと混ぜて、熱で酸味がやわらかくなったところに、
こしょうをひとふり。食欲のないときにもおすすめです。
もちろん、万能だれ(P.71参照)などを作っておけば、

どんな料理も、ごはんが進む、しっかり味に変身しますし、
コチュジャン（P.75参照）を取り皿の縁にチョンとおいて、
レモン汁をかければエスニック味にもなります。

どんな料理でも、余白のある最小限の味付けにしておけば、
テーブルの上で、いくらでも味を変化させることができるので、
飽きることがありませんし、味付けに悩まないからサッと作れて、
いつでもできたての熱々を食べることができるのです。
そして、焼く、蒸す、ゆでる、揚げるなどに集中できるから、
結果として、料理の腕は、どんどん上がっていくでしょう。

それに、食卓で味の仕上げをするということは、
いつも家族みんなが「味付けの訓練」をしていることにもなります。
まさに一石二鳥！

おわりに

おいしい料理を作る人には、誰でもなれます。
スーパーに行ったら、お惣菜コーナーの前を素通りし、
ピカピカした複合調味料の森を通り抜けて、本物の塩を手に取り、
家に帰って、いつもの料理をサッと作って、味を決め、
あっという間にテーブルについて、
「できた瞬間の」料理を食べればいいのです。

おいしい料理にも色々あって、
ひと口食べただけで、「おいし〜い！ スゴーイ！」とか、
「わ〜！うまい！」というような、
派手で、分かりやすいおいしさもあるけれど、
全部食べ終わってから、「もうちょっと食べたかったな」とか、
「そういえば、さっき食べたあれ、おいしかったな」なんていう、

じんわりした地味なおいしさもあります。
ほかにも「体が楽になって温まる」、「食べても喉が渇かない」、
「懐かしい味がする」、「これなら食べても安心」など、
その人にしか分からない、おいしさもあります。

だから、知らない誰かが決定した「おいしい味」を、
せっせと買って帰るばかりでは、つまらない。
こんなに大切でわくわくする選択を、
他人まかせにするのは、もったいない。

いつだって、泣きそうになるほどおいしいものは、
すごく単純で、何てことないものだったりしませんか？

私たちが作った、何てことない料理も、
何十年も経ったあとに、「あれをもう一度食べたいな」と、
誰かが思い出してくれるかもしれません。

「おいしい味」は自分で決められます。
それは、私たちが自分の人生を決めるのと、少し似ている気がします。

自分の好きな味を作りましょう！

この本の制作に入ってから、気が付けば2年が過ぎ去ろうとしています。
カメラマンの寺澤さん、デザイナーの藤田さん、スタイリストの中里さん、
そして編集の田中さん、包山さん、
長期間に渡り、一緒に苦しんでくださって本当にありがとうございました。
早くこの長い航海を終わらせたいと思っていましたが、
今では名残惜しくさえ感じます。
ひとりでは何もできない私をずっと支え、励ましてくださったこと、
心から感謝しています。

みなさんの、知恵とひらめきがたくさん集まったこの本が、
ようやく完成しました。
桜の花はとっくに散ってしまったけれど、
今すぐお花見に行きたいような気分です。
スタッフのみんな、そして卒業していったスタッフたちも、ありがとう！
これが、白崎茶会のもとのもとです！

２０１８年５月吉日　白崎裕子

おすすめの調味料

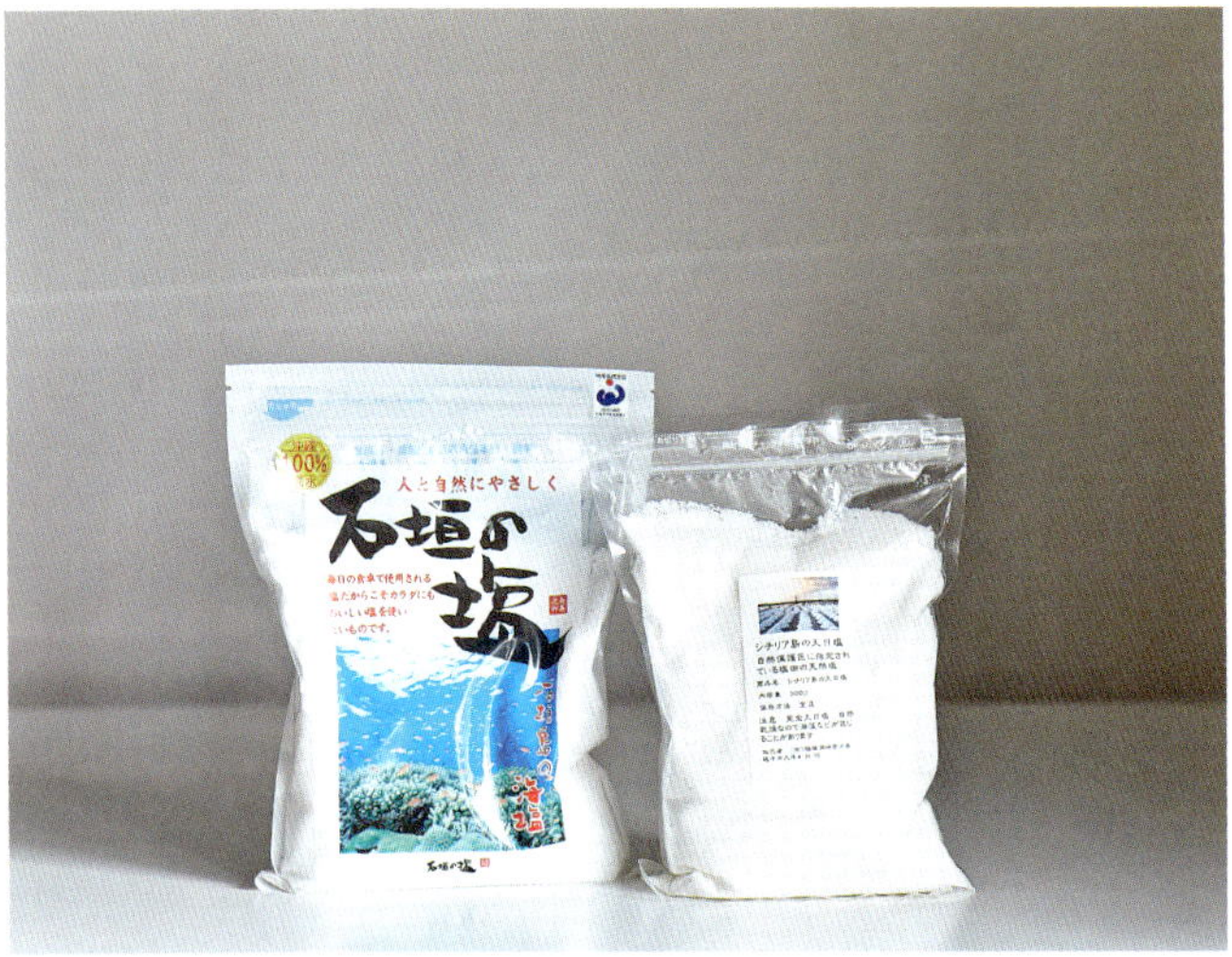

塩

「石垣の塩」
（石垣の塩）
☎0980-83-8711
https://www.ishigakinoshio.com/

「シチリア島の天日塩」
（陰陽洞）
☎046-873-7137
http://in-yo-do.com/

酢・梅酢

「老梅　有機純米酢」
（河原酢造）
0120-703-275
http://robai.jp/

「有機梅酢（赤）」「有機梅酢（白）」
（ムソー）
☎06-6945-5800
http://muso.co.jp/

酒・みりん

「料理用自然酒」
（片山）
☎044-541-6336
http://www.kuranomoto.com/

「三州三河みりん」
（角谷文治郎商店）
☎0566-41-0748
http://www.mikawamirin.com/

しょうゆ・味噌

「丸大豆醤油」
（大徳醤油）
☎079-663-4008
http://daitoku-soy.com/

「玄米みそ」
（はつゆき屋）
📞0120-371-113
http://www.hatsuyukiya.co.jp/

油

「国産なたねサラダ油」
（ムソー）
☎06-6945-5800
http://muso.co.jp/

「煎らずに搾った胡麻油／圧搾一番しぼり胡麻油」
（ムソー）
☎06-6945-5800
http://muso.co.jp/

「プレミアムココナッツオイル」
（ココウェル）
📞0120-01-5572
http://www.cocowell.co.jp/

甘酒・一味唐辛子

「玄米／白米あま酒」
（マルクラ食品）
☎086-429-1551
http://www.marukura-amazake.jp/

「向井珍味堂 一味」
（ムソー）
☎06-6945-5800
http://muso.co.jp/

白崎裕子　しらさきひろこ

料理研究家。逗子で40年続く自然食品店「陰陽洞」主宰の料理教室講師を経て、海辺に建つ古民家で、オーガニック料理教室「白崎茶会」を開催。予約のとれない料理教室として知られ、全国各地から参加者多数。岡倉天心を師と仰ぎ、日々レシピ製作と教室に明け暮れる。座右の銘は「魂こがして鍋こがさず」。著書に、『にっぽんの麺と太陽のごはん』『かんたんお菓子』（ＷＡＶＥ出版）、『秘密のストックレシピ』『白崎茶会のあたらしいおやつ』『へたおやつ』（マガジンハウス）、など多数。

ＨＰ「白崎茶会」
http://shirasakifukurou.jp

撮影——寺澤太郎
スタイリング——中里真理子
デザイン——藤田康平（Ｂａｒｂｅｒ）
編集——田中のり子、包山奈保美（ＫＡＤＯＫＡＷＡ）
調理助手——山本果、水谷美奈子、和井田美奈子
高橋美幸、竹内よしこ
食材協力——陰陽洞、菜園野の扉
Ｔｈａｎｋｓ——会沢真知子、菊池美咲、伊藤由美子、上田悠、
八木悠、工藤由美、鈴木清佳、相川真紀子、
田口綾、上杉佳緒里、白崎茶会生徒の皆さん

白《しら》崎《さき》裕《ひろ》子《こ》の必《ひつ》要《よう》最《さい》小《しょう》限《げん》レシピ　——料理《りょうり》は身《み》軽《がる》に

2018年 6 月21日　初版発行
2024年11月15日　10版発行

著者／白《しら》崎《さき》 裕《ひろ》子《こ》

発行者／山下 直久

発行／株式会社KADOKAWA
〒102-8177　東京都千代田区富士見2-13-3
電話　0570-002-301（ナビダイヤル）

印刷所／TOPPANクロレ株式会社

●お問い合わせ
https://www.kadokawa.co.jp/（「お問い合わせ」へお進みください）
※内容によっては、お答えできない場合があります。
※サポートは日本国内のみとさせていただきます。
※Japanese text only

定価はカバーに表示してあります。

ISBN 978-4-04-069412-2　C0077